願心の目覚め

Awaking of "Ganshin"

三明智彰《みはる　としあき》

法藏館

願心の目覚め　目次

凡例

一、引用文献、および本文の漢字は、常用体のあるものは、常用体を使用した。

一、引用文献は、以下のように略記する。

『真宗聖典』（東本願寺出版部刊）……………………「聖典」
『真宗聖教全書』……………………………………「真聖全」
『大正新修大蔵経』…………………………………「大正蔵」

願心の目覚め

一、目覚めを生きる

一子地への目覚め

一子地とは

「一子地《いっしじ》への目覚め」という題で、お話しをさせていただきたいと思います。まず、「一子地」とは、何でしょうか。

平等心をうるときを　　一子地となづけたり
一子地は仏性なり　　安養にいたりてさとるべし
（聖典四八七頁）

このような和讃が、『浄土和讃』にあります。『浄土和讃』は、親鸞聖人が七十六歳のときに完成した和讃集ですが、その中に「諸経のこころによりて弥陀和讃」という見出しの九首からなる和讃類があり、「諸経和讃」と呼ばれています。

「浄土三部経」が、浄土真宗正依の経典ですが、阿弥陀仏の極楽浄土を説く念仏の教えは、他にも様々なお経の中に説かれています。親鸞聖人は、それらもご覧になって、浄土真宗のお法《みのり》を明らかになさっておられるわけです。

さきほど見ました和讃は、「諸経和讃」の第六首ですけれども、第五首から第七首までの和讃は、『涅槃経』によって詠まれた和讃です。第八首は『華厳経』と『涅槃経』にもとづいています。

『涅槃経』といいますと、「仏性」ということがキーワードになっているお経です。その中に、「一子地は仏性なり」という言葉が出ているわけです。『浄土和讃』の、国宝に指定されている専修寺本を見ますと、この和讃の言葉の左側に、小さい字で言葉の説明がつけられています。それを、「左仮名《ひだりがな》」とか「左訓《さくん》」と呼びます。「訓」というと、訓読みを示したものでしょうけれども、さらに、言葉の意味を解説されたものも、このように呼ばれます。

それで、今の和讃の「平等心」という言葉の脇には、「法身《ほっしん》の心を得る時となり」と書かれています。元々はほとんど仮名ですけれども、漢字をまじえてこのように書くことができると思います。「法身」とは、たとえば、

弥陀成仏のこのかたは　いまに十劫《じっこう》をへたまえり
法身の光輪きわもなく　世《せ》の盲冥《もうみょう》をてらすなり
（『浄土和讃』聖典四七九頁）

と和讃にありますが、その「法身」とは、仏様のお体のことです。「法」そのものの体と

いうのを、「法身」といいます。私たちのこの体は、これは肉身、肉の体です。肉体は、「色身《しきしん》」といういい方もされます。物質的要素を「色」といいます。この肉体を持って現れた仏様のお姿は、「応化身《おうげしん》」ともいいます。本来、覚りそのものの仏陀は「法身」といいます。完全な覚りそのもの、色もなく形もない仏が「法身」です。その「法身の心を得る」ということは、完全な仏様になるということです。その時を、「平等心をうるとき」といっておられるわけです。「平等心」というのが、法身の心だということです。これを「一子地となづけたり　一子地は仏性なり」といわれ、「一子地」という言葉が繰り返されています。

この「一子地」についても、専修寺本では、左に仮名が書かれていまして、「三界の衆生を我がひとり子と思ふことを得るを一子地といふなり」と書かれています。

この言葉をお書きになったのは、どなたかということについて、いくつかの意見があるわけですが、親鸞聖人の書かれた和讃についての解説の言葉ですから、親鸞聖人か、あるいは親鸞聖人の直弟子の方が、聖人のご指導をいただきながら書かれたのであろうと推測されるわけです。

それで、今「一子地」について、「三界の衆生を」と左訓がつけられているわけです。

この「三界」とは、欲界、色界、無色界《むしきかい》という、迷いの世界のことを「三界」といいます。「欲界」は、欲望渦巻く世界です。私たちのいるこの世界は、「欲界」といわれています。それに色界と無色界を加えて、「三界」といいます。色界の「色」は、物ということです。欲界の欲は浄められているけれども、物はある世界というのが色界です。さらに、ただ心のみの世界というのが、「無色界」です。それは、いわゆる座禅など、心を静めていく修行によって味わわれてきた境地ということだろうと思います。たとえば、ご本尊に向かいまして、正座し、お参りをしてる時に、すうっと心が落ち着いてくるというようなことがあります。じっとしているからといって、眠っているわけではなく、心は冴えていてたいへん落ち着いた清々しい気持ちになる時が、チラリとあるとすれば、そのような心が澄みきった境地が「無色界」です。これら三界は、共通して迷いの世界です。

それで、この三界を超えた世界が覚りの世界で、お浄土です。これを『浄土論』「願生偈」の初めの方には、

観彼世界相　勝過三界道（かの世界の相を観ずるに、三界の道に勝過せり）

（聖典一三五頁）

と述べられています。「勝過三界道」ということは、極楽浄土は、欲界でないことはもち

ろんでしょうが、さらに色界でも無色界でもない。つまり、天の世界とは違うということです。天国の外にあって、さらにそれらを超えた世界がお浄土なのです。

「三界の衆生」とは、迷いの世界に生きる衆生です。その衆生というのは、生きとし生けるものです。その生きているものすべてを、自分の「ひとり子」と思うことを得るのを、「一子地」というと示されているのです。

三界には、数限りない衆生がいます。地上の人間の数だけでも、日本に一億人。世界中の人口は、七十億、八十億と、どんどん増えています。その一人一人のことを、私の「ひとり子」と思うことができるのを、「一子地」というのです。

ひとり子とは、どういうことでしょうか。男と女が結ばれて、子どもができれば、お父さんお母さんといわれるようになる。そのできた子どもが、たった一人というのが、一人っ子です。昔の考え方でいうと、遺産から何から全部この子に託すというのが、一人っ子です。この子がいなくなれば、家系が途絶えるということです。

今は、家の観念が希薄になった、あるいは無くなったといってもよいと思いますが、それでも、私たちの肉体的生命を相続してくれるのは子です。たった一人の子の場合、その子を中心にして、親はすべてを考えて行動することになるのではないかと思います。家に帰ったら、「ただいま。子どもは元気か」と真っ先に聞く。そういうことが、おそらくあるでしょう。一人っ子は、とにかくもう気になって、心配で心配でたまらない。可愛くて可愛くてたまらない。そのように一切衆生に向かう心を、「一子地」の心境だといわれるのです。一切衆生を、我が一人子と思うとは、そういうことでしょう。

この「一子地」に、「極愛」という言葉がつく時もあるのです。「極愛一子」、「極愛一子地」といいます。極愛というのですから、愛の極限です。これが、一切衆生を、自分の一人子のように思う心境であり、菩薩の究極の位であるということです。

私たちは、「一子地」と聞きますと、仏様に一人子のように可愛く思われる立場のことではないかと思いがちですけれども、「一子地」とは、衆生を思う心です。「法身の心を得る時」とありますから、仏の心です。平等心を得る時、その菩薩の心境はもう仏様の心といってもよいほどであるということです。

信心仏性と一子地

「一子地」とは、元々『涅槃経』にある言葉ですが、親鸞聖人は『教行信証』「信巻」の信楽《しんぎょう》釈《しゃく》に『涅槃経』をお引きになっておられます。

仏性は「一子地」と名づく。何をもってのゆえに、一子地の因縁をもってのゆえに菩薩はすなわち一切衆生において平等心を得たり。一切衆生は畢《つい》に定んで当《まさ》に一子地を得べきがゆえに、このゆえに説きて「一切衆生悉有仏性《しつうぶっしょう》」と言えるなり。一子地はすなわちこれ仏性なり。仏性はすなわちこれ如来なり、と。（聖典二二九頁）

こういう言葉があります。「仏性」というと仏の性ですので、仏の本質です。あるいは、仏になる可能性という説明もあるのですけれども、ここは、大慈大悲を仏性という。また、大喜大捨を仏性という。大信心を仏性という。それから「一子地」を仏性というと、こういうように述べられているところです。

仏性を、大慈大悲、大喜大捨、大信心、そして一子地であると示されています。仏性という言葉には様々な豊かな意味があります。『涅槃経』には、もっともっと説明があるのですけれど、親鸞聖人は『教行信証』「信巻」に必要なところを、このようにお示しになられました。

大慈大悲とは慈悲です。「大きい」という字がついています。これは、「小さい」の反対で、分け隔てがないということです。そういう慈悲の心を、大慈大悲というのです。さらに大喜大捨というのは、「喜」は喜ぶ。衆生が何事か良いことをした、あるいはお念仏を申すようになった。その衆生を大いに喜ばれる。それから大捨の方は、「捨」というのは、こだわりがないという意味です。分け隔てがない。この大捨が、平等心に繋がってくるのです。さらに、「大信心は仏性なり」といわれるのです。

そして、一子地は仏性なりと述べられてくるわけです。その文章を見ますと、「菩薩はすなわち一切衆生において平等心を得たり」と書かれています。この菩薩はどなたのことでしょうか。『教行信証』の文脈では、法蔵菩薩を指すということであろうと思います。

菩薩とは、菩提薩埵《ぼだいさった》という言葉を縮めた言葉です。覚りを求めて、勇敢に進む者を菩薩といいます。また、仏の修行時代のことも菩薩といいます。あるいは、仏の覚りから一段下がって、衆生済度に現れる。その立場のことを、菩薩という場合もあります。向上の菩薩、上に向かっていく菩薩と、向下《こうげ》の菩薩といいまして、覚りから下がって衆生に向かう菩薩ということがいわれます。仏様は完全無欠な覚りです。それにいたるプロセスが、向上の菩薩ということです。完全な覚りにいたる道程、道筋ですね。また、衆生救済を目指して、完全な覚りから迷いの衆生に関わるために下がる、それが向下の菩薩です。

『教行信証』「信巻」にふれられた至心《ししん》、信楽《しんぎょう》、欲生《よくしょう》とは、真実信心の内容をさらに細かく説明された言葉です。第十八の願の中に、「至心信楽、欲生我国、乃至十念」（『大無量寿経』聖典一八頁）という言葉があります。「至心」は真心です。「信楽」は、信じ楽《ねが》うです。この「楽」という字は、好んで願うという意味があります。それから「欲生」は、生まれたいと欲するという字ですけれども、この三心の中の信楽を解釈なさったところに先ほどの『涅槃経』の文章があります。私たちが、浄土真宗の信心という時、それはどういう内容であるかを示される文章です。

それで、この菩薩が法蔵菩薩だとします。そうしますと、法蔵菩薩が一切衆生において平等心を得られた。その故に仏、阿弥陀仏になられたということになります。

それればかりでなく、一切衆生もまた「畢に定んで当に一子地を得べき」であると、得るにちがいないといわれています。「得なければならない」というのではなくて、「得る道理である」と。このことを「一切衆生悉有仏性と言えるなり」と示されています。菩薩の究極の心ですが、それがまた一切衆生たる私たち一人一人も得る心である。

「畢《つい》に定んで当《まさ》に」という。「畢に」とは、おわりには。「定んで」は、必ず。「当に」というのは、当然の「当」です。畢に定んで当に得べきがゆえにといわれるのがこの「一子地」であり、その内容は平等心です。この心を、私たちが、ついには当然のこととして得られるのだということを示されているわけです。

ついに定んでまさに

しかし、私たちの現実はどうでしょうか。一切衆生を我が一人子と思うなどという、そういう心が私たちにあるのでしょうか。我が胸に聞いてみますと、普段の心は、俺が俺がという心しかありません。手前勝手な自我を正当化し、他人を蔑ろにする。また人のためだといいながらも、自分自身を立てていく。そういう心から、なかなか私たちは離れられないのです。しかも、そういう心のままに生きているということ自体も、なかなか普段は気づかないでいます。

きょうのこの集いのような、仏法を聞くご縁によって、はじめて、

わがみをたのみ、わがこころをたのむ、わがちからをはげみ、わがさまざまの善根をたのむ

（『一念多念文意』聖典五四一頁）

と親鸞聖人が教えてくださった自分の有様に気づかされるわけです。教えていただくという形で気づかされるのが、私たちの「わが」「わが」「わが」「わが」という心の有様です。

「我が身」「我が心」「我が力」「我が善根」を「たのむ」。「たのむ」ということは、誇る、あてにするということです。また「はげむ」とは、ため込もう、取り込もうとして必死になるということです。

「我が身をたのみ」とは、健康や若さなど自分の体を誇る。「我が心をたのむ」とは、心がけをたのむ。「我が力をはげみ」とは、地位・財産や人脈など自分の力をため込む。「我が様々の善根をたのむ」とは、自分はこういういいことをしてきたということを自分の誇りにする。誇るとは傲慢ですが、実は、逆にうまくいかないときはひどく落ち込むことになるのです。この心を、自力のはからいというのです。

親鸞聖人の教えられる自力とは、我執だらけの私たちの有様なのです。俺さえ良ければいい、俺の家さえ良ければいい、そういう心でいる私たちには、一切衆生を自分の一人子と思うというようなことができるのでしょうか。

衆生とは、言葉の意味通り見てみますと、命あるものすべてということです。命あるものすべてを、私の一人子のように思う。私たちが赤の他人と考えている、そういう人をも我が一人子と思う。身内だけではなく、一切衆生を我が一人子と思うということですから、簡単にはあり得ないことではないでしょうか。

このような心を、法蔵菩薩はお持ちであるばかりでなく、私たち衆生も「当に一子地を得べき」であると、仏陀はお説きになっておられるのです。

とても隔たりを感じることです。私たちは、どういうようにして「一子地」という心に触れさせていただき、「一子地」の心境をいただくようになるのでしょうか。

先の和讃には、「一子地は仏性なり、安養にいたりてさとるべし」と、このように詠んでおられます。「安養にいたりてさとるべし」という「安養」とは、極楽浄土のことです。極楽浄土にいたって覚るべきことである。この世で「一子地」を覚ったとはいわれないのです。

この「安養にいたりてさとるべし」とは、「諸経和讃」の第七首にも、

如来すなわち涅槃なり　　涅槃を仏性となづけたり
凡地にしてはさとられず　　安養にいたりて証すべし
（聖典四八七頁）

とあります。如来、涅槃、仏性、こういうことは「凡地にしてはさとられず」といわれています。「凡地」というのは、凡夫の立場です。凡夫の立場では、覚ることができません。「安養にいたりて証すべし」といわれます。「証す」とは、証しを得るということですから、覚ると同様の意味です。

「一子地」を得るとは、平等心を得る時で、この平等心は涅槃の心であり、如来の心であり、安養にいたって覚るべきであるといわれます。このようにいっておられるのは、この世において私は「一子地」を得たとか、平等心を得たということは、いえないし、いってはならないということです。もし、これをいうとすれば、どれほど自力のはからいに振り回され、自力の心を本領として生きているかということに、無自覚であるかということなのです。

そこには、私たちからは届かない断絶があるということです。そうではあるけれども、それと同時に私たちは、ついには一子地を得べきであるといわれているのです。もう駄目だ、まったく駄目だという話とも少し違うわけです。「畢に定んで当に一子地を得べきがゆえに」とありますから、未来において約束されている。未来に気づくというか、心の向かう方向に、「畢に定んで当に」という言葉があるのです。そのような一子地ということに接しておられるからこそ、親鸞聖人も、一子地についての和讃を詠まれたわけでしょう。そしてまた、それを伝承してくださった方々も、そのお心に触れられたということがあったのだろうと思います。

如来の子

たとえば、源信僧都《げんしんそうず》のお言葉ですけれども、

二つには念ずべし、慈眼《じげん》をもって衆生を視《み》そなわすこと、平等にして一子のごとし。かるがゆえに、我、極大慈悲母《ごくだいじひも》を帰命し礼《らい》したてまつる。（「行巻」所引、聖典一八八頁）

という言葉があります。「慈眼」というのは慈しみの眼差しです。慈悲の「慈」です。「慈」というのは、慈しむ、可愛いと思う、大事にする、そういう心です。その慈しみの眼で、衆生をご覧になっておられる。阿弥陀仏のことです。「平等にして一子のごとし」と。さまざまな衆生がいますが、分け隔てなく平等であって、一人子のようにご覧になっている。こういうところでは「一子地」の心境は、菩薩というよりも、もう仏様のお心なのです。それで「我、極大慈悲母」、大慈悲の極で、極限です。最も大きい大慈悲のお母さんを帰命し礼したてまつる。「極大慈悲母」とは、どなたのことですかというと、阿弥陀仏のことです。仏様に一人子のように思われているということを、源信僧都が感じておられるのです。

また、このことは、「勢至《せいし》和讃」に、

超日月光《ちょうにちがっこう》この身には　念仏三昧《さんまい》おしえしむ
十方の如来は衆生を　一子のごとくに憐念《れんねん》す
子の母をおもうがごとくにて　衆生仏を憶すれば
現前当来《げんぜんとうらい》とおからず　如来を拝見うたがわず
（聖典四八九頁）

とあります。『首楞厳経《しゅりょうごんきょう》』によって大勢至菩薩を讃めたてまつるという和讃です。勢至菩薩は、阿弥陀仏の脇士です。観音、勢至と並んで称されるわけですけれども、勢至菩薩の方は、智慧の菩薩といわれます。和讃の中に、勢至菩薩が十二光の如来のご指導をいただいてきましたと述べられています。そして、最後の如来が超日月光如来だったということを、親鸞聖人はご和讃になさっておられます。

十二の光の如来といいますと、これは「正信偈」に読み込まれていますように、「無量・無辺光　無碍・無対・光炎王　清浄・歓喜・智慧光　不断・難思・無称光　超日月光」です。これは阿弥陀仏の十二の光です。その十二の光は、普通には空間的に味わわれるものでしょうけれど、この和讃によれば、歴史性を持っているのだということがうかがわれます。

その十二番目の如来の超日月光が、私に念仏三昧を教えてくださいました。この念仏三味とは、これは親鸞聖人の教えによれば、ただ念仏申すということですし、お念仏申すところに得られる心境のことでしょう。

その念仏三昧によって気づかされる事柄が、十方の如来は衆生を一人子のように憐念してくださっているということです。「憐念」は、慈悲の心で思われているということですね。「憐れむ」「念ずる」です。現代用語の感覚としては、「憐れむ」という言葉が、何かあまりいい意味を持たないように解釈をされる傾向があります。しかし、そうではありません。相手を見下げて、「憐れなる者よ」というのとは違います。慈悲の心で思ってくださっているということです。

その後に、「子の母をおもうがごとくにて」、子どもがお母さんを思うように、衆生が仏を「憶すれば」とあります。「憶」は、時々思うというのではなく、いつまでも忘れないということです。

幼い子どもが、親を思う様子を思い出していただくとよいですね。お母さんがいないと、「お母ちゃん、お母ちゃん」と、「どこいったんだろう」と、ずっとお母さんを探します。そのような様子が「憶」です。ずっと思うということ。遠く離れ離れになっても、片時も忘れず思う。そういうことを、「憶す」というのです。衆生が仏を憶すれば、「現前当来」、現に前に当に来てくださる。「とおからず」というのは、近いということです。時間的な話ではなく、目の前に、間近に現れてくださる。それで「如来を拝見うたがわず」といわれるのでしょう。「仏様はどこに居られるか、われを南無阿弥陀仏と念じ称へる人の直前においでになります」（「仏様とは」、『曾我量深選集』第四巻、四九七頁）と曾我量深先生がお書きになっておられます。念じる人の前におられる、これが念仏の心境だということです。

子どもがお母さんを思うなんて、今だと何かもう古くさい話と思われがちですね。「母を尋ねて三千里」とか、あるいは、浪花節や大衆演劇のいわゆる親子物です。「こうやって、上の瞼と下の瞼を合わせてみると、優しいおっかさんの顔が浮かんでくるんだ」という。そういう話を、現代人は古くさいとか、お涙ちょうだいのつまらない話だと退けてきたせいで、こんなガサガサした世の中になってしまったのではないでしょうか。これは、情緒的に味わっていただいてよいところだと思います。教義的なことでいうと、般舟三昧《はんじゅさんまい》、仏立三昧《ぶつりゅうざんまい》ということを、このように表しておられるのです。これがお念仏の意義であるといわれるのです。

その要点は、私たちが仏から思われているということです。「子の母をおもうがごとくにて」と、子どもが母を思う前に、母が子を思ってくれている。そのおかげで、子どもは母を思うことができるのです。子が母を思うに先立って、母が子どもを思ってくれる。衆生が、阿弥陀仏を思うに先立って、阿弥陀仏の方が衆生を思ってくださっている。一切の衆生は、如来の子どもである。こういうことをいわれているわけです。

数え切れない多くの衆生でも、例外なく、その個別性に応じて思ってくださっている。その仏の憶念の対象が私であると、そういう形で信心獲得が表されているのです。念仏申す心が起こってくるのは、そこにおいてでしょう。

阿闍世

阿弥陀仏の本願、仏教の本意は、所謂反逆者の救い、背く者の救いということが主題であります。たとえば、阿闍世《あじゃせ》の物語です。親鸞聖人は、真実信心はいかなるものかということを明らかにする具体例として、阿闍世をあげておられるのです。阿闍世は、王舎城の事件の当事者です。『観無量寿経』の「序分《じょぶん》」に出ていますし、また、『教行信証』「総序」には、

調達《じょうだつ》、闍世をして逆害を興ぜしむ。（聖典一四九頁）

と説かれています。浄土教が明らかにされた機縁として、提婆達多《だいばだった》が阿闍世を唆《そそのか》して逆害を興させた。逆害とは、反逆の「逆」に「害」です。父を殺し、母をも殺そうとした。そういう阿闍世が、父の葬式を見て後悔の心を生じてきた。心の後悔が体の熱を持ち、そして体中にボロボロと出来物ができた。そこで阿闍世は、大変苦悩する。このことが、『涅槃経』の文章を引用して、『教行信証』「信巻」に説かれているわけです

『涅槃経』によりますと、六人の大臣達がやってきて、「くよくよしなさんな」、「王様ですから王様らしくしてください」とか、「どうか心を大らかにして落ち着いてください」とか、「父殺しは、国を守るためにはしょうがなかったのではないですか。国を統治する方法としては当然でしょう」といって慰めています。「阿闍世様は地獄に堕ちるに違いないとご自身のことを嘆いておられるけれども、地獄なんて見た人いませんよ。見たことない地獄を何を恐れているんですか」と、お見舞いにやってきて、そういうことをいう。そして、六人の大臣達は、それぞれ自分の信奉する思想家、宗教家を紹介するわけです。いわゆる六師外道たちです。けれども、阿闍世は動きません。

そして、最後に、名医耆婆《ぎば》が見舞います。「大王、お辛いでしょう。眠ってなんかいられませんね」という言葉がけから始まり、「大王は、自らの罪の重さ深さを悔い、慚愧す

る心を持っておられる。諸仏世尊は、その慚愧が衆生を救うのだと説いておられます」といいます。そして、釈尊のところに導こうとします。けれども、阿闍世には、ためらいの心がある。なかなか釈尊のところにいこうとしません。「このような罪深い私を、いくら釈尊でも助けられるわけがないだろう」と、自ら救われることを断念しているわけです。その時に天から声が聞こえる。「大王よ、すぐに往け。如来以外にお前の苦しみを救ってくださる方はいない」と。「姿なくして声だけが聞こえるのは何者だ」と阿闍世が問いますと、「我れは汝が父、頻婆娑羅《びんばしゃら》王なり」と、自分が殺したお父さんの声が響く。阿闍世は、悶絶して地に倒れて、ますます体中の瘡がひどくなり臭い匂いを出すようになってしまった。

その様子を如来は、遠くからご覧になっておられて、月の愛に譬えられる精神統一である月愛三昧に入られ、その三昧において身から光りを出されました。その光が、阿闍世の身を照らしたところ、阿闍世の体を覆っていた瘡が治ったのです。

阿闍世は驚いて、「これは一体どうしたわけか」と聞きます。耆婆は、「如来が出された光のおかげで貴方の瘡が治ったのです」と答えました。阿闍世は、「こんな私のことを仏陀はお思いになってくださっているのか」と。そこで答えた耆婆の言葉が次の言葉です。

「たとえば、ある人に七人の子どもがあったとしましょう。その子どもたちの中で、たった一人でも病気になったら、子どもたちに対する親の心は平等であっても、特に病気の子どもを治療するために心を傾けるでしょう。そのように、如来もまた同様なのです。諸々の衆生において平等でないわけではないけれども、しかし、罪ある者に対して心は特に重いのです」と。

阿闍世は、「私がその病気の一人子なのだ」と気がつきます。そこから、阿闍世に、釈尊にお会いしたい、お話をお聞きしたいという心が起こってくる。そして、如来を訪ねる。このように、『涅槃経』には、阿闍世の救いが述べられていくのです。

阿闍世の獲信の言葉は、私は地獄にいっても後悔しません。地獄にいって、地獄の苦に遭っている衆生のために法を説きます。地獄の衆生と共に生き、地獄の衆生と共に救われていく道を歩んでいきますと、そのように決意を述べる人になるのです。

私が如来から一人子のように思われていたのだという気づきがなければ、さらに一切衆生を我が一人子と思うという心境は出てきません。自分が如来の一人子であるという自覚を通して、仏の心に出遇い、仏になるべきものになるのです。

「当に知るべし、もろもろの衆生は、みなこれ如来の子《みこ》なり」（「信巻」聖典二六七頁）と。

平等心を得るためには、私たちが病人である、その病気の一人子である私を、如来が念じてくださっているという自覚が必要なのです。阿弥陀如来から、大慈悲をかけられている身としての自分自身が見出され、気づかされるということこそ、平等心を得るもとになるのだと思います。

平等の本願

その平等の心というのが、すなわち阿弥陀仏のお心です。法然上人は、『選択集』「本願章」の中に、阿弥陀仏の因位法蔵菩薩が、ただ念仏の一行をもって浄土往生の行と定められた、その理由を明らかにしておられます。そこには、

もしそれ造像起塔をもって本願となしたまわば、則ち貧窮困乏の類は、定んで往生の望みを絶たん。しかるに富貴の者は少なく、貧賤の者は甚だ多し。（真聖全一、九四四頁）

とあります。もしも仏像を造ったり、仏陀を供養する仏舎利《ぶっしゃり》を収める塔を建てるということをもって、浄土往生の道としようとなさったならば、これはお金がかかりますから、貧しく生活に困窮している者は往生できないことになってしまうでしょう。しかもお金持ち

は少なく、貧賤の者は甚だ多いのです。また、智慧高才、智慧があり才があることをもって往生の行としたならばどうか。それからその後には、多聞多見。これは教えをたくさん学ぶということです。それから持戒持律、戒律をまもるということが挙げられています。それぞれ浄土往生の行と定めるわけにはいかないということを点検なさったというのです。そのようにして、浄土往生の行としてなにがふさわしいかを、法蔵菩薩は一つ一つ確かめられたというのです。そして、

まさに知るべし、上の諸行等をもって本願となしたまわば、往生を得る者は少なく、往生せざる者は多からん。しかれば則ち弥陀如来、法蔵比丘の昔、平等の慈悲に催されて、普く一切を摂せんがために、造像・起塔等の諸行をもって、往生の本願となしたまわず。ただ称名念仏の一行をもって、その本願となしたまえり。

（真聖全一、九四五頁）

このように、阿弥陀仏がどうして称名念仏の一行を本願となさったのかということを、尋ね当てておられるのです。

そのように示された法然上人ご自身も、法蔵菩薩と同等に、貧窮困乏の側に立ち、愚鈍下智の側に立ち、少聞少見の側に立ち、破戒無戒の人の側に立たれたということでしょう。

それは、貧窮困乏・愚鈍下智・少聞少見・破戒無戒の人々の苦悩を、ご存知だったということではないでしょうか。ここに、平等の慈悲が、悪人の救いのために向けられているということがあらわになってくるわけです。

平等の本願なのに、どうして悪人のためにというのかといえば、それは平等ということを徹底するためです。ちょうど、病気の一人子を特に思うということと同様なのです。

無常観と大慈悲

曾我量深先生のお言葉に、

大慈悲心とは何か。『涅槃経』でいへば諸行無常である。本当に諸行無常を感ずるのが大慈悲心である。

（『歎異抄聴記』『曾我量深選集』第六巻、八〇頁）

というお言葉があります。大慈悲と諸行無常とは、どう関係するのでしょうか。

私たちも、諸行無常です。他人の諸行無常ばかりいいがちですけれども、私も諸行無常の一人です。そうすると、大慈悲に関わりがあるということになるはずですが、諸行無常と大慈悲との関わりがわかりません。

右の言葉の後にも、

無縁の慈悲は法縁の慈悲を尽き詰めれば無縁の慈悲である。

(『曾我量深選集』第六巻、八〇頁)

とあります。無縁の慈悲とは、大慈悲のことです。法縁の慈悲は、中慈悲といわれます。それで私たちが持っている慈悲の心は、衆生縁の慈悲であり、小慈悲というのです。それで、

無縁の慈悲と法縁の慈悲と二つあるのではなく、諸行無常を観じて慈悲を起すは法縁の慈悲、諸行無常の中に自分全体を本当に没却してしまつたのが無縁の大悲である。

(『曾我量深選集』第六巻、八〇頁)

といわれています。諸行無常の中に自分を没却してしまう、それが無縁の大悲だと、こういわれているのです。諸行無常の中に自分を没却するとは、どういうことでしょうか。それは、生死無常のことわりをくわしく如来が説き置いて下さったということです。

諸行無常という道理を冷静に考えるのではなくて、私自身が諸行無常であるということです。この命がいつ終わるかわからないということです。現在は、こうして存在しているけれども、一瞬先にはこの命が終わってもおかしくないということです。

私たちは、無常の事実に対面すれば、いてもたってもいられない気持ちになる。この命ほど尊いものはないと感じます。親鸞聖人がまとめられた『西方指南鈔』に法然上人は、

これ娑婆世界の人も命をもて第一のたからとす（『定本親鸞聖人全集』第五巻、四九頁）

一切衆生はみな命なが〻らむことをねがふがゆへなり。（『定本親鸞聖人全集』第五巻、四九頁）

といわれています。一切衆生は皆、命を宝のように感じている。命が長いようにと願う。だからこそ阿弥陀仏は、無量寿の仏として衆生済度を志したといわれるのです。また、それ故に、大慈悲は寿命無量といわれるのです。私たちは、この命に限りがあるということを、身に迫って感じる時に、いてもたってもいられない心境になる。これでいいのか、この人生でよかったのかと問い返される。そこにおいて無量寿、大慈悲というのに触れられる。平等心というのも、そこに味わわれるのではないかと思うわけです。

慈悲の実践

一切衆生を、我が一人子と思う心は、どのようにして成り立つのか。慈悲の実践は、ど

のようなところで成り立つのでしょうか。私たちは、自力のはからいを離れられません。そのような我々が、他人様のためにどのようにして尽くすことができるのか。

それは、自力のはからいのレベルで、あれこれと考えることはできないことです。福祉施設において繰り返し起こされる事故も、そのことを示していると思います。

誰もが、死に向かっているということです。いつ死がおとずれるか分からないもの同士が、時と所を共にして生きている。だれもが死ぬという、私も死ぬという、その実感の中で私たちは、認め合う。我れも人も死の前には平等であるというところにおいて、出遇いが成り立ち得る。

平等心の出所とは、こういうところにあるのではないでしょうか。言葉の上で、自由、平等、友愛とか、そういうことをいっても、戦争も排除も差別もなかなかなくなりません。けれども、私も死ぬものだ、有限なるもの、力なきものという事実に立つというところにおいてこそ、かろうじて平等ということがいい得るのではないかと思うわけです。

機の深信に成り立つ

「老少善悪のひとをえらばれず」とは、この事実です。この事実のところに、本願の起こりがある。まさしく弥陀の本願は、曾我先生のいわゆる、「宿業共感の大地」（『曾我量深選集』第十一巻、扉写真）の上に建立されたものであるということです。

我れも人も死ぬものである。生を愛おしみつつ、しかも別れていかなければならない。この、存在自体の悲しさにおいて私たちは如来の大悲心の立ち上がりに触れるのではないかと思います。

しかしながら、私たちはどうでしょうか。「たまわった命」と、ときにはいいますけれども、普段は「俺の命」「俺さえよければ」という思いばかりです。それ故にイライラがあり、自暴自棄もある。

しかし、死ぬということは、避けられません。死に向かっているという、平等の事実を歩んでいる。死の前には無力である。生と共に死あり。そういう平等の事実をきちんといただいていくのが、人としての現在の歩みなのではないかと思うわけです。

しかもその事実に、しっかりと目覚めることがない。それは、自我に基づく欲望煩悩の

故です。そのことを、

　惑染の衆生、ここにして性《しょう》を見ることあたわず、煩悩に覆わるるがゆえに。

（『教行信証』「真仏土巻」聖典三一二頁）

と、親鸞聖人は仰せられました。これが、現在の私たちの問題です。

　ここでの「性」とは、仏性であり、それは、平等心、一子地のことです。私たちの心は、平等心も一子地も見ることができません。それは、煩悩に覆われているからです。この頷きを外してはならないのでしょう。

　聞法は、常に煩悩の身に出遇っていく歩みなのではないでしょうか。煩悩を無化しない、無いものだとしてしまわないという道です。

　その道が、往生浄土の歩みです。親鸞聖人は、

　安楽仏国に到れば、すなわち必ず仏性を顕す、本願力の回向《えこう》に由るがゆえに。

（「真仏土巻」聖典三一二頁）

と示されました。この本願力のはたらきの出所が、平等心ですから、そのような平等心にいたる道程を、私たちは歩ませていただいているのです。生死無常に徹する、これが信心の歩みであり、平等心、一子地に目覚まされつつ進むというのが、私たちの現在の人生で

あるということを思うわけです。

これは、普段、真宗の教えとは現生正定聚《げんしょうしょうじょうじゅ》、必至滅度《ひっしめつど》であるといわれるのですけれども、そのお言葉を、私たちがきちんと現代においていただくには、たてまえでなく私たちにおいて内面化するということが必要なのではないかと思うわけです。

金持ちも貧しい人も、頭のいい人も悪い人も、みんな、私たちは死ぬということは避けられない。生死無常の事実に立って、地に足をつけて、目覚めの歩みを進めさせていただかなければならないと思うわけです。

こういうことを、お念仏の中に気づかせていただいた。気づかせていただく道が念仏であるということを、ご自身にひきかけて、親鸞聖人が教えてくださっていると思うわけです。

本日は「一子地への目覚め」という題で、お話をさせていただきました。

得生者の情としての願生

信に死し、願に生きよ

浄土に生まれんと願う人生の意義を、曾我量深先生の「信に死し、願に生きよ」の提唱を受けてたずねていきたいと思います。

一九六一（昭和三六）年に、京都会館第一ホールにおいて、宗祖親鸞聖人七〇〇回御遠忌を記念して、鈴木大拙、金子大榮、曾我量深の三先生の講演会がおこなわれました。

その時、曾我量深先生は、「信に死し、願に生きよ」と題して講演なさいました。この題目は、今も鮮烈な印象を与えています。それ以来、「信に死し、願に生きよ」といえば曾我量深先生、曾我量深先生といえば「信に死し、願に生きよ」だと称されるほどに、人口に膾炙されることとなったのです。

ところで、生活実感の事実としては、常に浄土に生まれんと願う心が湧き立つというようなことは、なかなか無いとお感じの方は多いと思います。なかには、毎日浄土往生を願う、浄土を願って生きているという方もおられるかもしれませんが、私自身の気持ちとしましては、常に浄土に生まれんと願う心が湧き立つというようなことは、なかなかありません。

そういう問題につきまして、親鸞聖人と教え子の唯円との会話が思い浮かびます。『歎異抄』の第九条に、

「念仏もうしそうらえども、踊躍歓喜《ゆやくかんぎ》のこころおろそかにそうろうこと、またいそぎ浄土へまいりたきこころのそうらわぬは、いかにとそうろうべきことにてそうろうやらん」と、もうしいれてそうらいしかば、（聖典六二九頁）

と、親鸞聖人にこのように問うたのが、唯円房です。それは、この質問を受けて、

親鸞もこの不審ありつるに、唯円房おなじこころにてありけり。（聖典六二九頁）

と、答えが続いていることからわかります。唯円房という名前がありますので、質問をなさったのは唯円房だということがわかるわけです。ここでの問題は、二つあります。一つは、お念仏を申しましても、天に踊り地に躍るような喜びがおろそか、まばらだということです。そして、もう一つは、「いそぎ浄土へまいりたきこころ」が「そうらわぬ」、「そうらわぬ」ということは、「ございません」ということです。浄土に参りたい心がないの

ですが、いったいどうしたらいいのですかという質問です。

短い文章の中に、「そうろう」「そうろう」「そうろう」と繰り返し出てきます。どれくらい恐れ入りながら、しかし、どうしても親鸞聖人に打ち明けてご相談を申し上げなければおれないという、止むに止まれぬ、切実な気持ちからの質問であったかということがうかがわれるわけです。これについての親鸞聖人のお言葉が、また唯円と心を同じくして、たいへん丁寧な導きをなさっておられるのです。

そして、『歎異抄』第九条の終わりの方に、親鸞聖人は、

なごりおしくおもえども、娑婆の縁つきて、ちからなくしておわるときに、かの土へはまいるべきなり。いそぎまいりたきこころなきものを、ことにあわれみたまうなり。これにつけてこそ、いよいよ大悲大願はたのもしく、往生は決定《けつじょう》と存じそうらえ。（聖典六三〇頁）

といっておられるのです。ここに、浄土往生についての親鸞聖人の心境がうかがわれるのではないかと思います。

このお言葉が、たいへん懐かしく、慕わしく感じられるのです。親鸞聖人が、若手のお弟子達をどのように育てられたのか、本当によくうかがわれます。会話の中に入っていき

ますと、私たちも親鸞聖人に間近にお導きをいただいているような、そういう気がしてくるのが『歎異抄』だと思います。

それこそ積極的に、浄土を生きんと願う剝き出しの意欲が湧き立つのが、願生浄土《がんしょうじょうど》の仏道だといわれる場合があるかもしれませんが、私たちの味わう往生浄土の心境は、じつはこういうところにあるのではないかということを思いまして、今日のお話しをさせていただきたいと思うわけです。

願生への問い

講題として出しました「得生者の情としての願生」の、「得生者の情」という言葉は、曇鸞大師《どんらんだいし》の『浄土論註』にある言葉です。

『浄土論註』とは、「正信偈」の中に、

天親菩薩論註解（天親菩薩の『論』、註解して）（聖典二〇六頁）

とありますように、天親菩薩の『浄土論』を註解なさったものです。その、曇鸞大師の『浄土論註』下巻に、

「帰命無碍光如来願生安楽国」と言《のたま》へり。この中に疑あり。疑ひて言ふこころは、「生」は有の本、衆累の元たり。生を棄てて生を願ず、生何ぞ尽くべきや。この疑を釈せむために、この故にかの浄土の荘厳功徳成就を観ず。明らけし、かの浄土はこれ阿弥陀如来の清浄本願の無生の生なり。三有虚妄の生のごときにはあらざるなり。何をもつてこれを言ふとならば、それ法性清浄にして畢竟無生なり。生と言ふは、これ得生の者《ひと》の情《こころ》ならくのみと。（『定本親鸞聖人全集』第八巻、加点篇(2)、一〇三頁）

とあるわけです。元は漢文ですので、これに訓点をつけて読まれたわけですが、今読みましたものは、親鸞聖人の読み方でお読みしました。これは、『定本親鸞聖人全集』に収められているもので、元の漢文の『浄土論註』に親鸞聖人が訓点を施されたものです。写真版の『親鸞聖人真蹟集成』（法藏館）の中に、この『浄土論註』に親鸞聖人が訓点を施されたテキストが載っています。これは、鎌倉時代の木版刷りの『浄土論註』の白文に、親鸞聖人が返り点、送り仮名をつけられて、訓読の仕方をお示しになったものです。

右の文は、浄土往生ということについて、天親菩薩の『浄土論』の一番最初に、「世尊我一心　帰命尽十方　無碍光如来　願生安楽国」（聖典一三五頁）とありますが、その「願生」について問題があるということです。

『浄土論』は、極楽浄土の荘厳を十七種、阿弥陀仏の功徳を八種、それから浄土の菩薩の功徳を四種、合計二十九種の功徳を挙げて解説されています。

『浄土論註』下巻に、浄土の荘厳功徳十七種の解説が一段落ついたところで、先の文章が出てきます。『浄土論』の冒頭の四句は、「世尊我一心　帰命尽十方　無碍光如来　願生安楽国」という二十字の言葉ですが、それを縮めて趣旨を取りまして、「帰命無碍光如来　願生安楽国」とお示しになっています。「無碍光如来」は、阿弥陀仏のことです。「帰命無碍光如来」とは、南無阿弥陀仏ということです。

「無碍光如来に帰命して、安楽国に生まれんと願ず」と、『浄土論』ではいわれているのですが、このことに疑いがあるといわれる。その疑いとは何か。極楽浄土に生まれたいというけれど、そのように生まれるということがあれば、また滅するということがあるのがこの世の習いです。滅したら、また生まれる。生まれると、滅するということの繰り返しが、生死です。それはまさしく、輪回転生の迷いの話になるのではないか。極楽浄土に生まれることを願うとは、どういうことなのかという問いなのです。

「生を棄てて生を願ず、生何ぞ尽くべきや」とあります。娑婆の生を棄てて、極楽浄土に生まれたいという。そのように、浄土の生を願うと、生が尽きることがないのではないか。生まれることが尽きないということは、滅することも尽きることがない。それでは、生滅の繰り返しではないか。生死を繰り返すことになるのではないのか、という質問が出されているのです。

それで「この疑を釈せむために、この故にかの浄土の荘厳功徳成就を観ず」といわれています。これが、十七種の極楽浄土の荘厳功徳が説かれる理由なのです。それで、「かの浄土はこれ阿弥陀如来の清浄本願の無生の生なり」といわれ、浄土の生というのは、生まれるということがない生であるといわれるのです。それはどういうことかというと、「三有虚妄の生のごときにはあらざるなり」とあります。迷いの世界のことを「三有」といいます。三界のことです。その虚妄の世界の生のごときにはあらざることを明かすと。この三有、迷いの世界におきましては、生まれるから滅するということが繰り返されるのです。そして、その生まれるということそのことが、迷いであると捉えられるわけです。そのような生とは違うということを、「無生の生」といわれているわけです。

「無生」といいますと、「無滅」ということになるのです。生と滅ですから。生があれば滅があるというのは、これは迷いの世界です。「色は匂へど散りぬるを、我が世誰ぞ常ならむ」の「いろは歌」の元が、「諸行無常、是生滅法」という言葉です。「諸行は無常なり、是れ生滅の法なればなり」。その後は、「生滅滅已、寂滅為楽」とあるのです。『涅槃経』（南本『大正蔵』一二巻、六九二～六九三頁、北本『大正蔵』一二巻、四五〇～四五一頁）の中にある四句の偈文です。「生滅滅已、寂滅為楽」というのは、「生滅をば滅し已るというところに、寂滅という涅槃の楽しみがある」という言葉です。

その生と滅を超えた生の問題で、無生の生という。無生であれば、無滅ということになります。別に無滅ということは書かれていませんが、無生といえば無滅ということになる。無生無滅ということは、この世にはありません。

この世は無常の世の中で、諸行無常です。諸々の存在、現象は常ということがありません。どんどん、どんどん変化していきます。ただ、その無常の道理自体は変化しないわけです。生滅とは、どんどん変化するということです。生ずる滅する、滅する生ずる。そういうことの繰り返し。それが、この世の有限相対の姿です。その道理自体を、きちんと見つめるところに、諸行無常という、そういう覚りといいますか、道理の発見があるわけです。その真の道理の法を表す言葉として、無生無滅という言葉があるわけです。あるいは不生不滅というい方もあります。八不中道といいまして、覚りの道理について、不生不滅、不一不異、不去不来、不断不常ということが説かれ、そういうことが覚りを表す言葉なのです。

「かの浄土は」とは、極楽浄土のことです。これは覚りの世界であるということを、無生という言葉でもって表しているわけです。その点で、三有虚妄とはまったく違うといわれているのです。しかし、それでも、その無生無滅の世界に生ぜんと願うという、生まれたいと願う。その生まれるということは、どういうことでしょうか。そこに疑いがあるという問題なのです。

得生のひと

浄土に生まれると書いているけれども、その生まれ方は、お産で生まれるとか、卵で生まれるとかということではない。そのような迷いの世界の生まれ方とは違う生まれ方なのです。これを、「無生の生」といわれているわけです。それで、「法性清浄にして畢竟無生なり」といわれています。「法性」とは覚りのことです。その覚りは、清浄であって、煩悩の汚染がないということです。清浄であって「畢竟無生なり」。無生ということは、無滅です。それなのに何故、生ということをいうのか。

これについて、親鸞聖人の読み方を見ますと、「生と言ふは、これ得生の者《ひと》の情《こころ》ならくのみ（言生者、是得生者之情耳）」とあります。「者」という字を「ひと」と読んでおられます。それから「情」を「こころ」と読んでおられるわけです。

『教行信証』の「後序」の終わりのところに、

前《さき》に生まれん者《もの》は後《のち》を導き、後に生まれん者《ひと》は前《さき》を訪《とぶら》え、連続無窮《むぐう》にして、願わくは休止《くし》せざらしめんと欲す。（聖典四〇一頁）

とあります。『教行信証』撰述の意趣を明かして、何故この本を書いたのかということを、道綽禅師《どうしゃくぜんじ》の『安楽集』の語によってお示しになられました。それで「者」の字を、「前に生まれん者」は「もの」と読み、「後に生まれん者」は「ひと」と読まれているのです。後の「者」という字の方に、「ひと」と親鸞聖人が仮名をつけておられるわけです。

その用例を辿ってみますと、「ひと」というのは、尊敬語として使われているのです。元が道綽禅師の言葉ですが、そのお言葉を出された限りは、親鸞聖人のお気持ちです。そうすると、親鸞聖人は後の人を尊敬して、このような読み方をなさっていることになると思うのです。

何故この本を書いたのか。前に生まれた者は後を導きなさい。そして、「後に生まれん者《ひと》は」、後に生まれてくる人は、前を訪ねてください。未来の人、これから先に生まれてくる人々が、過去の先人達のことを訪ねてくださいい。『教行信証』に著わされた教えをはじめとして、往生浄土の本意をよく尋ねていただきたい。それで、未来の人々に向かって、「ひと」と読みを示されているわけです。

日本語は漢字の音読もありますけれども、昔からの和語の読み方が訓読みです。「もの」とも読むし、「ひと」とも読むのです。それで「もの」と読むと、当たり前に対等の表現になる。あるいは、目線でいうと、上下というのは無いのでしょうけれども、ともかくも対等。あるいは、目下について「もの」といういい方になります。そして、「ひと」と読むと、尊敬語の意味になるということです。

今の『論註』の「得生者」につきましても、「得生の者《ひと》の」と、尊敬語で読んでおられる限りは、これは生を得た人を正しい人、尊敬すべき人と見ておられる親鸞聖人のお気持ちがこもっているということです。

信心の情

それから「情」は、「こころ」と読まれています。ここでは、「情」が肯定的に表現されています。これはじつは、仏教の用語例からいうと、珍しいことだと思います。

「情」は、人情といいます。人情とは、今も時々は用いられますけれど、「義理と人情」の情は、たいていは愛情のもつれです。あるいは親子の情といいます。「恩愛はなはだたちがたく」（『龍樹和讃』聖典四九〇頁）です。故に「生死はなはだつきがたし」です。そのような迷いを引き起こしてくるのが情です。

あるいは「正信偈」の中に、「決以疑情為所止」という言葉があります。

還来生死輪転家　決以疑情為所止

（生死輪転《りんでん》の家に還来《かえ》ることは、決するに疑情をもって所止とす）（聖典二〇七頁）

「生死輪転の家に還来ることは」、繰り返し繰り返し迷い続けるということは、「決するに疑情をもって所止とす」といわれています。この疑情とは、疑いの情と書かれています。

これは、もと『選択集』に、

当知、生死之家、以疑為所止

（まさに知るべし、生死の家には、疑いをもって所止となし）（真聖全一、九六七頁）

とあり、それに「決」と「情」という字を加えられて、「正信偈」には、「決するに疑情をもって所止とす」とされたのです。ここに、「疑情」と「情」の字がついたことは、親鸞聖人ならではのことだと思います。

たとえば、「話はわかるけれども、君のいうことには、反対だ」。「理屈はそうだろうが、しかし、君に、そういうことはいわれたくない」というようなことがあります。納得せざるを得ないが、納得したとはいいたくない。一応わかったといっても、口はへの字に結ばれている。そういうことが、「情」の問題です。あいつだけは許せん。あいつだけは好かん。そういうことが、「情」の問題です。この疑情こそ、なかなか治りません。

心の動きは色々ありますけれども、「情」というとたいへん具体的で、根深いものです。理屈よりも深いのが「情」です。それ故、仏教では一般に「情」といえば、迷いに分類されるのでしょう。迷いの情を、「迷情」というのです。

それは、「愛」という言葉も似たようなことです。熟語では、「愛情」です。「愛」は仏教用語では、あまり良い意味で使いません。「愛」というと、渇愛ということで、喉が渇いたときに海の水を飲んで、ますます渇いてきて、もっと欲しい、もっともっと欲しいという心を意味することが多いのです。百円が千円、千円が一万円。一万円が十万円、百万円、千万円……。何億円もらっても、まだ足りない。そういう欲が、渇愛です。愛は惜しみなく奪うというのが渇愛です。「愛」は注意しなければならない。そういうことで、手放しで「愛」ということはいわないのが仏教用語の基本です。

しかし、大乗仏教の教えが深まってきますと、「愛」という言葉で、慈悲を表すことが出てきます。一切衆生のことを、我が一人子のように思う心。大慈悲の心。そういうのを「極愛」というようになるわけです。強烈な言葉です。「一切衆生を哀れむこと、羅睺羅《らごら》の如し」、そのような言葉も『涅槃経』の中にあります。羅睺羅は、ラーフラで、お釈迦さまのたった一人の子です。一切衆生を、我が一人子のように思う。その心を極愛一子といいます。大慈悲の極まりを表して、「極愛」という言葉が使われるようになってきます。「愛」の捉え方が変わってくる。それと同様のことが、この「情」についてもうかがわれるのではないかと思います。

これは特に、親鸞聖人の場合です。『浄土文類聚鈔《もんるいじゅしょう》』に、

心を弘誓の仏地に樹《た》て、情を難思の法海に流す。（聖典四〇九頁）

とあります。『教行信証』の「後序」には、「念を難思の法海に流す」とあります。『浄土

文類聚鈔』は、おそらく親鸞聖人の晩年の著作です。『教行信証』は六巻の大著ですが、その精髄を表されたのが、『浄土文類聚鈔』です。

そこに、「情を難思の法海に流す」とあります。この「情」という言葉の意義が、大きいと思います。理屈の理と違います。心の本体といってもよい。この「情」にまで、信心がなるということでしょう。信心が、理屈的なものではなくて、まさしく「情」になっている。そういうことがうかがわれるのです。根深くしぶとい「情」にまで、法が徹到する。法の「情」になるということなのです。

『論註』の「得生者之情耳」を、「得生の者《ひと》の情《こころ》ならくのみ」と読んでおられる。親鸞聖人が、尊敬し肯定的な捉え方をなさっておられる言葉ですが、しかし、『論註』の解釈書を見ますといかがでしょうか。

本当は、極楽浄土に往くとか、生まれるとか、そういうことは実際はないものだ。生まれるとは、愚かな衆生を導くための方便として使われているだけである。実は、生即無《しょうそくむ》生《しょう》、畢竟無生《ひっきょうむしょう》だから、生まれるなどということはないものだ。法性の道理からいうと、浄土というのも、元々愚かな衆生を導くための方便、手立てとして設けられたものであり、仏陀自身は浄土などは要らない。そういう、「仏無浄土論」という論まであるのが、聖道の教学です。

「浄土の真証を貶《へん》す」と、「信巻」の序にあります。衆生済度のために浄土が必要である。それは愚かな衆生が、往きたいという心を持つように、金銀財宝が散りばめられた美しい世界だといっているだけである。そのような解釈がおこなわれてきたのです。

『浄土論註』は、浄土の教えの著作ですから、浄土願生を否定するような解釈はよもやあるまいとは思いますが、従来の解説を見てみますと、「本来は無生であるのに、浄土に生まれたいと思うのは、得生者、生を得ているもの、つまり迷っている者の情としていうだけである。本来は、こういうことはいわないものだ」という解説が、親鸞聖人以後にもおこなわれているのです。従来の講義録等を見ると、そういう捉え方がされています。

これは一つには、親鸞聖人ご自身が訓点を施された『浄土論註』を、容易には見ることができなかった。そういう状況もあったと思います。『教行信証』の坂東本にしても、今日のように簡単には見られなかったのです。そういう点で、今日は国宝の坂東本が、丁寧に修復されまして、正確かつ精密な複製本が三部でき、それからさらに、多くの方にご覧いただけるように、出版販売されました。また、写真版もいくつか出ています。そういう点では、新たな時代に入りました。浄土真宗の教えの研究は、写真版を見ながらおこなわれるようになりました。

そこで「生と言ふはこれ得生者の情ならくのみ」というのを、親鸞聖人の場合は「得生の者《ひと》の情《こころ》ならくのみ」と読まれている。この「情」は、迷いの「情」ではなくて、信心の「情」であるということです。得生の者《ひと》と読みまして、極楽浄土に生を得る人、あるいは生を得た人ということで、「ひと」と読まれているということです。

題目は、「得生者の情としての願生」としましたが、詳しくいうと「得生の者《ひと》の情《こころ》としての願生」ということです。最初に申しましたように、この題は正しく曾我量深先生の「信に死し、願に生きよ」を思ってのことです。一九六一年四月、親鸞聖人七百回御遠忌記念講演会での題目が「信に死し、願に生きよ」でありました。

宗祖親鸞聖人七百回忌を迎える宗門が、今後いかに進んでいくか。それを念じてのお言葉だったと思いますし、この「信に死し、願に生きよ」の具体的な展開として、真宗大谷派宗門に同朋会運動が立ち上がったのだとうかがうのであります。

命終と即生

「信に死し、願に生きよ」という題の出所は、「前念命終、後念即生」です。この言葉についての、曾我先生の解釈なのです。この「前念命終、後念即生」とは、善導大師《ぜんどうだいし》のお言葉です。『往生礼讃』に、ただ念仏ということを述べられて、

行住座臥に、必ず須《すべか》らく心を励まし己に剋して、昼夜に廃することなかるべし。畢命《ひつみょう》を期《ご》として、上一形《かみいちぎょう》にあるは少しき苦しきに似《に》如たれども、前念に命終して後念にすなわちかの国に生まれて、長時・永劫に常に無為の法楽を受く。

（『往生礼讃』「信巻」所引、聖典二四四～二四五頁）

とあります。これを親鸞聖人が、『教行信証』の「信巻」にお引きになっておられるわけです。一生、命終わるまでお念仏を申していくのだといわれる。「上一形にあるは」というのは、一生涯ということです。生きている間は、形があるのです。解剖学の養老孟司氏によると、死んだ途端に人体は腐敗が始まるのだそうです。腐敗が始まるということは、つまり放っておけば次第にくずれていくということです。形がなくなる方向に向かうわけです。「上一形にあるは」とは、つまり生きている間ということです。その間は、命終わ

るまでお念仏申し続ける。それは少しく苦しきに似ているけれども、前念に命終わって、後念にすなわちかの国に生まれて、かの国とは、極楽浄土です。極楽浄土に生まれて、長い時間、永遠に常に無為の法楽を受ける。「無為」というのは、覚りです。覚りの楽しみ、喜びを受ける。こういう言葉があります。

普通に読んでみれば、これは臨終一念です。命終わるその瞬間を指して、前念に命終、後念に即ちかの国に生まれる。命終わって直ぐに、極楽浄土に生まれられるというように解釈されているのが当たり前のところです。ところが、『教行信証』に引かれているところを見ますと、本願を信じる、その本願を信じる一念です。「信心歓喜」、本願成就の一念の前後という表現になっているわけです。

それを、より明確に表しているのが、『愚禿鈔』です。『愚禿鈔』とは、親鸞聖人の青年時代のノートです。それを晩年にいたって、ご自分のノートを清書なさっているのが『愚禿鈔』です。そこに、

本願を信受するは、前念命終なり。
即得往生は、後念即生なり。　（聖典四三〇頁）

とあります。つまり「前念命終」とは、本願を信受するということであり、「後念即生」

とは、即得往生ということであるといわれているのです。このように、本願成就の一念とされているのです。さらに、

信楽に一念あり。「一念」は、これ信楽《しんぎょう》開発《かいほつ》の時剋の極促《ごくそく》を顕《あらわ》し（聖典二三九頁）

といわれるように、その一念は信心が開きおこる時の極まりを顕すというのが、親鸞聖人の『教行信証』「信巻」の解説です。

一念には、一回の念仏という意味の一念があります。これは、行の一念です。それから信の一念があります。信心の一念です。その一念は、『大無量寿経』の下巻の初めの本願成就文に、

諸有衆生、聞其名号、信心歓喜、乃至一念

（あらゆる衆生、その名号を聞きて、信心歓喜せんこと、乃至一念せん）（聖典四四頁）

という言葉があります。この一念は、一回の念仏の一念とは違います。本願を信受する、その時の極まりを顕す。それから、二心がないという一心を彰すということを、親鸞聖人はお示しになっておられるわけです。

それで、「本願を信受する」というのは、本願を信じ受けるということです。この「信受」とは、我がこととして受け止めるという言葉です。たとえば、

親鸞一人がためなりけり。（『歎異抄』聖典六四〇頁）

と受け止めるのが「信受」の姿です。

もともと、曾我量深先生の有名な解説（『曾我量深選集』第八巻、一一九頁）によりますと、四条河原町のような四つ辻で、「ああ何てひどい顔だ」という声が聞こえたときに、「何を、俺のことを馬鹿にするのか」と怒るのが、「受」だといわれています。『唯識述記』の解説（『大正蔵』四三巻、三三二頁）を紹介しておられるわけです。

弥陀の本願は、皆さんのためでしたということではなくて、私に向けられていたお言葉であったということを、感じて、受ける。これが「本願を信受する」ということなのです。

『歎異抄』の「後序」には、

弥陀の五劫思惟の願をよくよく案ずれば、ひとえに親鸞一人《いちにん》がためなりけり。（聖典六四〇頁）

という言葉があります。これがあるから、『歎異抄』はずっと残るのだという、大事なお言葉です。しかし、『大無量寿経』の本願の文章は「十方衆生」とあります。その「十方衆生」というのを、「親鸞一人がため」と受け止められた。それは、「はい」と返事をされたということです。「皆さん」と呼ばれたのに、「はい」と返事をする。それが「信受」ということなのです。弥陀の本願を信受する、その時が「命終」です。この「命終」は、日頃の心、あるいは日頃の心の底にある自力のはからいの命が終わるということです。少なくとも、自力のはからいの根っこが切れたということです。しかし、それで自力や日頃の心が、まったく無くなってしまったというわけではありません。やはり、生きているかぎりは、消滅はしないわけです。それでも、自力が自力と知れたということが、「命終」なのです。

即得往生

『愚禿鈔』には、「即得往生は、後念即生なり」とあります。この「即得往生」とは、往生が定まったということであり、往生の歩みを、本願を信じるその時から始められるというのが「即得往生」です。結果としての往生ということだけの話ではないわけです。往生の一道に立つ。出発点に立った。そして往生の歩みを始める。そのような、現在進行的な往生だということです。つまり、死んだら終わりだとか、困って往生したとか、そのような話とは違うのです。往生とは、生き生きと生きるということです。空しく過ぎることがない人生を生きるすがたが、往生といわれるのです。

この「即得往生」も、『大無量寿経』の本願成就文にある言葉で、「信心歓喜、乃至一念」という言葉の後に、

至心回向。願生彼国、即得往生、住不退転

（心を至し回向したまえり。かの国に生まれんと願ずれば、すなわち往生を得て不退転に住す）

（聖典四四頁）

とある、その「即得往生」です。

実は、『阿弥陀経』にも「即得往生」という言葉があります。『阿弥陀経』の場合は、命終わって、死んで極楽浄土に生まれるという趣旨です。『大無量寿経』の場合は、ただそれだけでありません。本願を信じる人の生き様が「往生」です。それを「即得往生は、後念即生なり」と、このように親鸞聖人が『愚禿鈔』に記されました。

この「命終」ということについて、さらに覚如上人によると、

平生のとき善知識のことばのしたに、帰命の一念を発得《ほっとく》せば、そのときをもって娑婆のおわり、臨終とおもうべし。

（『執持鈔』聖典六四七頁）

とあるわけです。肉体はあるけれど、真の先生である善知識の教えを受けて、帰命の一念

が発る時、その時が「娑婆のおわり、臨終とおもうべし」といわれています。その後は、新たな生、人生が始まるということです。それを指して曾我量深先生は、「信に死し、願に生きよ」といわれたわけでしょう。

その「信に死し、願に生きよ」ということが、どのようにこの五十年の間に受け止められてきたのかということなのです。親鸞聖人の七五〇回忌の御遠忌を迎える今、私たちが省みて確認すべきことではなかろうかと思います。

五十年前に、真宗大谷派宗門が、現代社会に、いかに浄土真宗の教団として立っていくのか。そのことを確かめた現状批判が、「宗門白書」として出されました。そして、かくあらねばならないとして、方向性が出されました。そういうことが、五十年前の昔に済んだ話だとはいえない状況が、今でも相変わらずあるのではないでしょうか。「宗門白書」を読むと、今でも新しい。今、現在、どうなっているのか、今まで何をしてきたのかという問題が、私たちにはあるのです。

具体的な教団の施策や動きは、年表などの記録によって確かめられるでしょう。しかし、その現象の根本にある精神は何かといえば、「信に死し、願に生きよ」だったということなのではないでしょうか。御同朋御同行の教団を志向する、そういう動きが同朋会運動として立ち上がってきた。それが、五十年前です。新たに運動が起こされてきたということと、「信に死し、願に生きよ」は、まったく関係がない話ではなかろうと思うわけです。

そこで、「信に死し、願に生きよ」の「願に生きよ」ということは、これは私の手前勝手な願に生きることではありません。私たちの願い事は何ですかというと、だいたいは地位や名誉やお金に関すること。せいぜいが身内の幸せ。そういうようなことが多いわけです。しかしながら、この「願」は何かというと、弥陀の誓願です。外側ではなく、私たちの欲望、煩悩的な願いをずっと掘り下げていくと、弥陀の本願にいき当たる。そういう願に生きる、ということだと思います。

ですから自力の願が死んで、本願他力に生きる。そういうことが、この「願に生きる」ということであると思います。

浄土にて待つ

親鸞聖人の、晩年のお手紙があります。『末燈鈔《まっとうしょう》』にある言葉です。

この身はいまはとしきわまりてそうらえば、さだめてさきだちて往生しそうらわんずれば、浄土にてかならずかならずまちまいらせそうろうべし。あなかしこ、あなかしこ。

（聖典六〇七頁）

こういうお手紙があるわけです。親鸞聖人は、九十年のご生涯ですが、晩年になって「今は、歳が極まった」といわれているのです。「御臨末《ごりんまつ》の御書」にも、「歳きわまりて」という言葉がありますが、人間の年齢の極まりということでしょう。年齢の極限ということです。歳が極まったので、「さだめてさきだちて往生」しますといわれています。どこに往き生まれるのですかというと、浄土です。「浄土にてかならずかならずまちまいらせそうろうべし」とあります。「かならず」という言葉を繰り返されて、待っていますといわれます。結びに、「あなかしこ、あなかしこ」と繰り返されて、丁寧な手紙の結びのお言葉です。このお手紙を読んで、親鸞聖人を慕う人々は、やはり親鸞聖人の待っておられるところに、私も参りますという気持ちになられたに違いないと思います。

それから、そういうことについて、さらにお手紙を見ますと、『御消息拾遺』の中に、

かならずかならず一《ひとつ》ところへまいりあうべく候う。

（聖典六一一頁）

このような言葉もあるわけです。

これは、覚念房というお弟子が亡くなったことに関して、それ以前に亡くなった覚信房

がお浄土で待っているだろう。また、覚然房がいっていることは、私がいうことと一つも変わりがないので、「かならずかならず一ところへまいりあうべく候う」。このようにいわれているのです。行き先はお浄土でしょう。「かならずかならず一ところへまいりあうべく候う」と、繰り返していわれるのですが、これはどういうことでしょう。不安だから「かならずかならず」と繰り返し強くいっておられるのでしょうか。そういう解釈もあるかもしれませんが、滅多に「かならず」などとおっしゃらない親鸞聖人ですから、これは、確信のお言葉ではないかと、私は感じます。

私たちも、死んだらどこへいくのかということについて、もしも不安が頭をもたげてきたとき、あるいは大事な人に聞かれた時は、廣瀬杲先生の御講演にありましたが、「仏様のお国に行くのよ」というように、可愛い子どもにはいわなければならないでしょう。健康で体力があって自信に満ちている時は、「死んだらどこへいくのかと、そんなことは考える必要はない。今が大事だ」といっていればいいのでしょうけれど、不安になる時があります。

今、一人暮らしのご老人はたくさんおられます。そういう方々が、どういう気持ちでいるのかということを聞いてみれば、死んだ後にどこへいくのか。どうなるのかということが、率直な不安としてあるということを聞くのです。やはり、私たちは、死んだらどこへいくのかと、時には考えてみるでしょう。しかし、そういうことについては、科学的な証明や論証がない。だから、わかりません。わからないからこそ、親鸞聖人に聞いてみてはどうでしょうか。親鸞聖人からは、お浄土に参ると聞いておりますということになるわけです。

お浄土に参る、「浄土にてかならずかならず」と繰り返しいわれる。このようにおっしゃる親鸞聖人においては、確信的な事柄でしょう。ですからまた、私たちにも響くわけです。何を馬鹿なことをいっているのだと、容易には聞き逃すことができないお言葉です。親鸞聖人はそうおっしゃっておられたとしても、奥さんはどう思っておられたのでしょうか。このことも、うかがうことができるのです。『恵信尼消息』の中に、親鸞聖人がお亡くなりになって、おそらく、六、七年経過したあたりのお手紙があります。

便を喜びて申し候う。さては、今年まであるべしと思わず候いつれども、今年は八十七やらんになり候う。寅の年のものにて候えば、八十七やらん八やらんになり候えば、今は時日を待ちてこそ候えども、年こそ恐ろしくなりて候えども、咳《しわぶ》く事候わねば、（中略）ただ犬のようにてこそ候えども、今年になり候えば、あまりにもの忘れをし候

いて、耄《ほ》れたるようにこそ候え。（聖典六二三～六二四頁）

お手紙の書き出しが、自分のお歳から書き出されているわけです。「今年は八十七やらんになり候う。寅の年のものにて候えば、八十七やらん八やらん」とあり、八十七歳か八十八歳という歳だといわれています。また、「寅の年のものにて候えば」とありますから、寅年の生まれであったということがわかります。それで、親鸞聖人がお亡くなりになって六、七年経ってのお手紙だろうということもわかるわけです。

それで、「今は時日を待ちてこそ候えども」とあります。「時日を待」つというのは、これは人生の最後を待つということでありましょう。さらに、「ただ犬のようにてこそ候えども」とありますから、とても元気だということなのだと思います。寒い日でも、雪が降ると「犬は喜び庭駆け回り」ということで、そのような元気な犬と同じようだということでしょう。

この手紙は、親鸞聖人との間にできた末娘の覚信尼に向けての手紙です。それで、その先のところに、

わが身は極楽へただ今に参り候わんずれ。なに事も暗からずみそなわしまいらすべく候えば、かまえて御念仏申させ給いて、極楽へ参り合わせ給うべし。なおなお、極楽

へ参り合いまいらせ候わんずれば、なにごとも暗からずこそ候わんずれ。
（聖典六二四頁）

と、こういう言葉があります。それからまた後の方にも、

かまえて、念仏申して、極楽へ参り合わせ給えと候うべし。
（聖典六二四頁）

こう繰り返し繰り返し、極楽で参り合いましょうと書かれているのです。極楽で会うことになっているので、この世ではもう会えなくても暗くない。必ず会いましょう。お念仏申して会いましょう。このように覚信尼に書き送られているのが、恵信尼公なのです。

そういう点で、親鸞聖人とお連れ合いの恵信尼と、心が一つなのです。ですから、お父さんの往かれたお浄土に、私も往きますという感じでしょう。これは、往くかどうかわからないけれど往きましょうという表現ではないですね。かならず往くのだということです。親鸞聖人や恵信尼公には、お浄土がありありと感じられているのです。そのように、私には感じられますが、いかがでしょう。

心すでに浄土に居たり

善導大師のお言葉に、

厭《いと》えばすなわち娑婆永く隔《へだ》つ、欣《ねが》えばすなわち浄土に常に居《こ》せり。

（『般舟讃』「信巻」所引、聖典二四四頁）

という言葉があります。「欣えばすなわち浄土に常に居せり」とは、浄土に居るということです。これを『教行信証』にお引きになっただけでなく、親鸞聖人は、お手紙にお書きになりました。

光明寺の和尚の『般舟讃《はんじゅさん》』には、「信心の人はその心すでに浄土に居す」と釈し給えり。居すというは、浄土に、信心の人のこころ、つねにいたりということころなり。

（『御消息集（善性本）』聖典五九一頁）

とあります。この「いたり」とは、元の仮名遣いでは「ゐたり」で、「居る」の完了形です。信心の人は、その心がすでに浄土に居てしまっているということです。

そうなりますと、浄土でかならずかならず待っています。こういうこともいえることになるでしょう。まだ往っていないのだけれども、たぶん往くことになるから、たぶんそこで会えるならば会おうかというような話ではありません。それでは、「かならずかならず」ではありません。

さきほどの、恵信尼公のお手紙は、末娘の覚信尼に宛てたお手紙です。覚信尼は、幼い子どもを抱えて京都で頑張っている。本願寺の元になった、大谷のお墓所をお守りしている娘さんです。その娘さんに、お念仏申して極楽へ参り合いましょうと。「なに事も暗からず」。「暗からず」ということは明るいということです。身内も誰もいなくなって、一人ぼっちで幼い子どもを抱えて、どうしようと苦労している。そういう不安は誰にもあるけれど、そういう娘のことを思って、お念仏申して極楽で必ず参り合いましょうと書かれています。娘を思う親心のこもったお手紙だと思います。

これによって思われるのは、私たちは、子どもに何を伝えるのかということです。若い世代に、何を伝えていかなければならないのか。お金をいくら残しても、あれば無駄遣いしてしまいます。お金が大事というよりも、お金を遣う人の心が大事なのです。その心の中心に、お念仏が立たないといけないのではないでしょうか。

心の主軸、要は、本願でないといけないわけです。それが宗教の「宗」の問題です。正しく真宗は、真の要、真の軸を本願におき、本願において立つという教えだと感じます。

得生即願生

浄土に居るということであるならば、もう、浄土に往くことは願わないのですかというと、そうではないのです。「信心の人はその心は浄土に居る」、だからもう願いませんというのでしたら、得てしまったらもう願わないという願いであって、真実の願いではありません。それはもともと、ないものを願っていたという願いです。これは、自力の願生心です。

願生心に自力、他力があります。自力の願生心は、「ああこの世の中いやだ。ああ、いやだいやだ。だからもう幸せのお浄土があるというなら、そっちへいきたい」というものです。楽のために願生するというもので、これは往生できないと曇鸞大師はいわれているのです。

『教行信証』に、『浄土論註』を引用されて、

もし人、無上菩提心を発せずして、ただかの国土の受楽《じゅらく》間《ひま》なきを聞きて、楽のためのゆえに生まれんと願ぜん、また当に往生を得ざるべきなり。（「信巻」聖典二三七頁）

と示されています。「楽のためのゆえに生まれんと願ぜん（為《い》楽《らく》願《がん》生《しょう》）」というときの楽

は、涅槃の楽ではありません。為楽願生の楽は、極楽は結構な世界、百味の飲食がパッと出てきて、パクパクと食べて、お腹いっぱいになったらサッと消える。片付けがいらなくて楽だ。大変結構なお食事をいただいて、後片付けはしなくてもよい。そういうところへ、ああいきたいなということです。それも、私たちの素朴な気持ちではあると思いますが、それはただ楽のために浄土を願うことです。真実の願生とは、そんな調子で極楽を求めるのではありません。

　願生という、浄土を願うことは、尽きることがないのです。それが真実の願生です。浄土に居るということから、さらに、願生が出てくるわけです。たとえば、

　回向発願《えこうほつがん》して生まるる者は、必ず決定真実心の中に回向したまえる願を須《もち》いて、得生の想を作せ（作す）。（「散善義」「信巻」所引、聖典二三四頁）

と『教行信証』の中にあります。この文章は、「信巻」（聖典二一八頁、二三四頁）に二回引かれています。二回目の方は、写真版の『教行信証』を見ますと「得生の想を作す」となっています。「セ」と書いた上に「ス」と書いてあるのです。

　同じ文章が『教行信証』の中に引かれましても、趣旨がやや違う。「作せ」というのは命令形です。「作す」というと、事実なのです。「回向発願して生まるる者は、必ず決定真

実心の中に回向したまえる願を須いて」とあります。これは阿弥陀仏の決定真実心の中に回向してくださった願を須いて、この「須いて」は「したがう」ということです。阿弥陀仏の願いにしたがって、「得生の想を作す」のであるとお示しになっておられるのです。

それだけでなく元の善導大師の『観経疏』「散善義」を見ますと、

回向発願願生者（回向発願して願じて生ずる者は）（真聖全一、五三八頁）

とあります。それが先ほどの「信巻」の引用では、「回向発願して生まるる者は」と「願」という字が一つ抜けています。「回向発願して願じて生ずる」という「散善義」の言葉も、それも意味があると思うのです。けれども、回向発願とは、阿弥陀仏の回向発願のままにということで、それに加えてさらに、衆生が願じてということではないという解釈を、親鸞聖人はしておられると思うわけです。これによって、阿弥陀仏の本願に順じて得生の想いを作すのが、回向発願心の相であると、こういうように見ることができるのではないかと思います。

すでに前の文章で、「信心の人はその心すでに浄土に居す」とありました。「浄土に居す」というのは、これは「得生の想を作す」という趣旨です。「得生」とは、生まれることを得るということです。そういう想いを作すのだと、こういう実感がありますから、必定とか決定といういい方も出てくるのではないでしょうか。

これがなければ、たんなる力みです。自信がない人に限って大声を出すという、そういうようなことになるわけです。そうではなくて、ここは、静かな確信に満ちたお言葉ではないかなと思うわけです。

私たちの浄土往生の願いは、浄土に生まれたらもうなくなるのですかという問題があります。浄土往生の願いは、浄土のことを聞けば聞くほど、ますます浄土往生を願います。また、「信心の人はその心すでに浄土に居す」からこそ、ますます浄土往生を願います。それが私たちの信心の意欲です。ですから信心の人は、明るく元気なのです。

親鸞聖人は、

如来大悲の恩徳は　身を粉にしても報ずべし
師主知識の恩徳も　ほねをくだきても謝すべし
（『正像末和讃』聖典五〇五頁）

と詠まれました。身を粉にしても、骨を砕きても報謝していくのだといわれます。これは、何歳の時のお言葉でしょうか。若気の至りでおっしゃったのではないのです。八十六歳の時のお言葉です。身を粉にするということは、すり潰してミンチにして、ミンチからさらに粉にしていくということでしょう。また、骨を砕くとは、ボキボキボキボキと骨が折れて砕ける音が想像されるのです。凄い和讃です。

これは、人に向かってではなく、ご自身に向けての言葉です。たいへん元気な心、情熱的な心です。信心は、ドライでいいのでしょうか。信心には、情熱があるのではないでしょうか。それは、浮かれ大騒ぎする情熱とは違います。サッカー場を出てきたら、すぐ白けるでしょう。野球場を出てきたら、すぐ白けるのではないですか。それは情熱といっても、仮の情熱です。この白けた現代に、真実の情熱が必要なのではないでしょうか。

情ですから、深くこの魂の主軸にずっと繋がっている、そういう熱です。親鸞聖人は、八十五歳で『正像末和讃』を書かれた。それを、八十六歳で修正なさった。再点検なさっても、直しが入らなかったのが恩徳讃です。

そういう心の元気、それが願です。本願に生きるということ、その本願は阿弥陀仏の本願なのですが、それが私を生かし、支えて、動かしてくれる願いなのです。

ですから、私の願いをずっと掘り下げていくと、阿弥陀仏の本願にぶち当たる。そういうことでしょう。そのことは、すでに曽我量深先生がおっしゃっておられるのですが、そのことをやはり、改めて味わわせていただきたいと思うわけです。

そこで、浄土往生の心境として拝読いたしました言葉は、何かたよりないでしょうか。

なごりおしくおもえども、娑婆の縁つきて、ちからなくしておわるときに、かの土へはまいるべきなり。いそぎまいりたきこころなきものを、ことにあわれみたまうなり。これにつけてこそ、いよいよ大悲大願はたのもしく、往生は決定と存じそうらえ。

（『歎異抄』聖典六三〇頁）

しがみついているこの力が、取れて終わる。娑婆の縁が尽きて、力なくして終わる。もっと頑張ってといわれても、頑張れません。力なくして終わる。この時は必ずくるのです。その時に、もう駄目だではないのです。「かの土へはまいるべきなり」、参ることになっている。彼の土へ参るのが当然、必然なのです。

「いそぎまいりたきこころなきものを」、だからといって、お浄土に早く往きたくはないですね。快楽の世界ならばいきたいという私たちには、涅槃の浄土は急ぎ参りたくはないのです。お浄土の話は聞きたくない。そういう「いそぎまいりたきこころなきものを」、ことに憐れんでくださっているのです。それが、阿弥陀仏の大慈大悲です。その大慈大悲が、私たちに向けられている、大悲がかけられている。「これにつけてこそ、いよいよ大悲大願はたのもしく、往生は決定と存じそうらえ」とあります。ここに、実は願生心の真実があるのではないでしょうか。

これにつけてこそ、いよいよ大悲大願は頼もしい。頼もしい大悲大願を味わっている。この生き様が「往生は決定と存じそうらえ」といわれる。往生浄土の歩みを、今から歩んでいるのですから。ですから、往生は決定。結果として浄土に往き生まれるということは決定、決定的なことなのだといわれるのです。ここに、浄土に生まれんと願うところに、浄土の生を得るという、願生の故に得生ということが、さらに得生の故に願生であると、そういうことがうかがわれるのではないかと思うわけです。

願に生きる人の誕生

浄土に生まれてしまったら、もう浄土を求めないと、そういうことではないのです。ますます、浄土を実現していくのだという心が動くのです。活き活きと湧き立つ。最初から湧き立つわけではありません。ですから、「なごりおしくおもえども、娑婆の縁つきて、ちからなくしておわるときに、かの土へはまいるべきなり」といわれるのです。急ぎ参りたくない。だからこそ、急ぎ参りたき心がないものを全部わかっていて、だから特に慈悲の心をもって念じてくださっているのが、阿弥陀仏のご本願なのです。

そのご本願を思えば、いよいよ大悲大願は頼もしい。そして往生は決定、活き活きとした生き様が、ここにあるのではないでしょうか。だからといって、さあお浄土、さあお浄土と、そういうようには、ならないのです。

本物に会えば、ますます本物を見たい、本物に会いたいということがあります。美味しい物を食べて、今まで食べていた物と全然違う時には、これだったんだと感じる。たとえば、これが本当のリンゴだったんだとか。これが本当の湯葉だったんだとか。今まで食べていたのは、なるほど材料は大豆で、それで作り方は大豆の汁をタンパク質のところを取って固めたものだから、それは湯葉ではあったけれど、これが本当の湯葉だと知れば、ますますその湯葉を求めるようになりますね。お酒が好きな人は、お酒のことで体験があると思いますし、甘い物が好きな人は、甘い物でそういうことがあると思います。

そのように、真実のお話に会えば、ますます真実のお話を聞きたいのです。ますます本当の話を聞きたいのです。水で割ったり、薄めたり、そんな話よりも本当の話を聞きたい。本当の親鸞聖人のお言葉を聞きたいのです。それがこの願生心です。聞くことを得ると、ますます聞きたくなる。得生というのは、そういうことだと思います。生を得る、それは信心の人の心は浄土に居るのだと。そういう点では、浄土に生を得ているのです。しかし、生を得ているからもう願わないのかというと、そうではありません。ますます真実の浄土を求めるのです。それは、ないものねだりで求めるのではなくて、得ているものをますます明らかにしたいということです。

そのようなことを、「得生の者《ひと》の情《こころ》としての願生」ということで思うのです。願いというのが、必ず実現するように動いていく。実際の生き様になってくる。その生き様が、ますます願いを明らかにしていく。そういう、休みなき歩みです。「いのちのあらんかぎりは、称名念仏すべきものなり」（『御文』五帖目第一通、聖典八三二頁）。私たちのお念仏の心は、ああもう駄目だのお念仏ではありません。願いが、常に私にはたらいている。そして、活き活きと生かされて生きる道がある。それが、お念仏に証しされているのです。

ですから、お念仏を明らかに、繰り返し味わい、そして願に生きる。そういう歩みを、今こそ始めるのです。親鸞聖人の七五〇回忌の御遠忌に際しての私たちの課題は、そういうことにあるのではないかと思うのです。法要が盛大に営まれるとはどういうことでしょうか。願に生きる人が出るということです。そうでないと、七五〇回忌のご法要たり得ないのでしょう。

報恩

恩徳讃

如来大悲の恩徳は　身を粉にしても報ずべし
師主知識の恩徳も　ほねをくだきても謝すべし
（『正像末和讃』聖典五〇五頁）

これは、「恩徳讃」としてよく知られている、親鸞聖人のご和讃です。親鸞聖人は、八十六歳の時に、『正像末和讃』を補訂完成されましたが、その草稿本から載っている和讃です。草稿とは、下書きです。清書前の準備段階のノートにこの和讃があり、さらに完成された『正像末和讃』の中では、結びの第五十八首目に位置づけられているのです。この和讃のお心を、お尋ねしたいと思います。

八十六歳の親鸞聖人が、この和讃を著わされたということは、たいへんに驚くべきことではないかと私は思います。今日でも八十六歳というと、相当お年を召しておられるということになるのですが、鎌倉時代の八十六歳というのは、今とは比べものになりません。

さらに、親鸞聖人は、あと五年生きられて、九十歳までのご生涯でした。その最後の著述にいたるまで、深い恩徳感をお持ちになり、その情熱が強く感じられる、そういうご和讃です。

まず最初に、この和讃はどういう内容か、あらためて見てみたいと思います。

「如来大悲の恩徳」といいますと、これは阿弥陀仏の大悲の恵みの徳ということでしょう。だいたいは、「慈悲」と熟語にされて使われる言葉で、如来については大慈悲とよくいわれるわけです。ですから、親鸞聖人にしましても、和讃を作られる時に、「如来大慈悲」とされてもいいように思いますが、やはりここは言葉を選ばれておられるのではないかと思います。

いわゆる、「慈悲」という言葉は、「慈」がいつくしみの心で、「悲」は他者の悲しみや苦しみに同感し、ことを同じくする心ということです。「慈」の原語は「マイトリー」で、「悲」の原語は「カルナー」といわれています。「マイトリー」というのは、「いつくしみの心」といわれるのですが、それは、大事にする、大切にするということで、友情というようにもいわれる言葉です。それに対して「カルナー」というのは、共に苦しみを、共にうめき声をあげるという意味があるということです。そうしますと、そこには悲しみや苦しみの当事者における感覚ということがあるに違いありません。

また「大悲」という言葉は、小悲・中悲に対する言葉です。たとえば『浄土論註』の中には、「三縁の慈悲」ということがいわれています。「小悲」というのは、衆生縁の慈悲であり、これは凡夫である我々が持っている慈悲の心です。慈悲の心が無いわけではないけれども、縁があるもの、関わりのあるものについての慈悲であるとされています。またさらに、時にはあまり関係のない人に対しても、その心が起こることがあるけれども、決して長くは続かない。あるいは、お礼をいってもらわないと、損をしたような気持ちになる。そういうような、私たちの心が、「小悲」といわれるのです。

それから「中悲」というのは、法縁の慈悲であるといわれます。これは声聞・縁覚・菩薩という、仏道修行の中で聖者の位置にある人々の慈悲です。さらに「大悲」というのが説かれますが、その「大」というのは、対象を限定しない、無差別平等ということを意味するのです。そのために「大悲」は、「無縁の大悲」、あるいは「無縁の慈悲」といわれることもあります。

その「無縁」というのは、基本的には対象を限定しないという意味なのです。つまり、自分の子どもだからとか、連れ合いだからとか、親だからとか兄弟だからとか、あるいは同じ職場だからとか同じ民族だからとか。そういうような、限定を持たない慈悲であるということです。

曾我量深先生は、「無縁の慈悲とは、無縁の衆生を救う慈悲である」(「空中の仏、地上の仏、心中の仏」取意『曾我量深選集』第二巻、二七四頁ほか)ということを、いっておられます。これはいわゆる、対象を限定しない慈悲ということを、しっかりと踏まえたうえでいっておられることだと思います。それはどういうことかというと、小悲や中悲では救われない衆生が救われるのは、無縁の慈悲だということです。「縁無き衆生は度し難し」ということが、一般に聖道門ではいわれます。あるいは、日常の会話の中でも「どうしようもない奴」という調子で、「縁無き衆生は度し難し」という言葉が使われるのです。ところが、無限定の慈悲であれば、縁無き衆生がその慈悲によって救われることになります。無縁の慈悲の対象になるということです。したがって、小悲・中悲では助かることがない、縁無き衆生が救われる慈悲が、大悲であるということなのです。故に「縁無き衆生」こそ救おうという慈悲が「無縁の慈悲」です。縁無き衆生、無縁の衆生をこそ救おうという慈悲こそが大悲であるということができるのです。

善導大師の機の深信の言葉に、「無有出離之縁(出離の縁あることなし)」(「信巻」聖典二一五頁）という言葉があります。この「無」と「縁」で無縁ですが、出離の縁あることなしということです。生死の迷いから出る、離れる縁がない衆生をこそ救おうという慈悲である。これはただ字面からいわれたのではないわけです。

それで、親鸞聖人が、「如来大悲の恩徳は」と、「大慈悲」とされずに、特に「大悲」という言葉を用いられたのは、この悲しみ苦しみに同感し、ことを同じくする心である大悲を蒙ってきたという感慨があったからだと思うのです。たとえば、『正像末和讃』の中に、

無始流転の苦をすてて　無上涅槃を期《ご》すること
如来二種の回向《えこう》の　恩徳まことに謝しがたし
（聖典五〇四頁）

という和讃があります。「無始流転の苦」とありますが、無始流転を繰り返すということは、無始というのは始めが無い。始めが無いということは、これはまた終わりが無いということです。「流転」とは、「流れる」に「転がる」という字ですが、長い長い、循環反復する迷いを示しているのです。そうしますと、この「出離の縁あることなし」ということと同様のことです。出離の縁あることなき苦を捨てて、無上涅槃を期することができるようになった。これは、如来二種の回向の恩徳であり、まことに謝し難い、このようにいわれているということです。

「如来二種の回向」というと、これは浄土真宗の法です。阿弥陀仏の本願力回向のことを、如来二種の回向といわれます。それで、ここで親鸞聖人は、ご自身を「無始流転の苦」の者であるとしておられる。無始流転の苦に生きる、あるいは無始流転の苦自体が自分であるという感覚がある。まさしく無縁の衆生です。その私をして、無上涅槃を期するようにしてくださった。それに対する恩徳を深く感じて、和讃を作っておられることがうかがわれます。

また、『歎異抄』の中に、親鸞聖人の「つねのおおせ」というのがあげられています。

> 弥陀の五劫思惟《ごこうしゆい》の願をよくよく案ずれば、ひとえに親鸞一人《いちにん》がためなりけり。されば、そくばくの業をもちける身にてありけるを、たすけんとおぼしめしたちける本願のかたじけなさよ　（聖典六四〇頁）

というお言葉を、親鸞聖人は常にご述懐なさっていたと、『歎異抄』の「後序」に記されています。「つねのおおせ」ということになりますと、演壇で高らかに宣言するとか、そういうこととは違って、ふだん日常の中でいっておられたということでしょう。たとえば、爪を切りながら、またお茶を飲みながら、顔を洗い終わった時、お食事が終わった時、そういう時にこういっておられたということです。それを唯円が、しっかりと聞き、忘れられない言葉ですと、『歎異抄』に書かれたのだと思います。

「弥陀の五劫思惟」というのは、「弥陀」は阿弥陀仏ですし、「五劫思惟」というのは、「正信偈」に「五劫思惟之摂受」（聖典二〇四頁）とあります。「五劫」は、極めて長い時間です。どれくらい長い時間かというと、一辺四十里の大きな岩を、三年に一度天女が羽衣で撫でて、すり減って石が無くなるまでの時間を一劫というのです。その五倍が、五劫であるということです。ですから、極めて長い、無限の時間といってもよいだろうと思います。そのような長い間、思案に思案を重ねられたのは、一切衆生を平等に成仏させるにはどうすればいいのか。それについて思案に思案を重ねられたということです。念仏往生の誓願を明らかに建てられるというのに、五劫の思惟が必要であったということです。

その願のこころを、「よくよく案ずれば」とあります。「案」という字は、これは事実をしっかりと踏まえて確かめるようにして考えるという意味です。「ひとえに親鸞一人がためなりけり」とあります。十方衆生の本願、「十方衆生よ」という呼びかけの本願ですけれども、それを我がこととして受け止める一人にならなければ、本願は成就しないのです。その一人の誕生が、本願成就です。これは、常に私たち一人一人の、まさしく、「一人一人のしのぎ」（『蓮如上人御一代記聞書』聖典八八五頁）の問題ということなのです。

親鸞聖人は、「親鸞一人がためなりけり」の「親鸞」のところに、お一人お一人の名前が入るということに、気がついてもらいたいと願っておられると思います。

「十方衆生よ」の本願に、「はい」と返事をする人。それがまことの信心の人でしょう。その「親鸞一人」とは、「そくばくの業をもちける身」とありますから、数知れない迷いの業を持った自分であるということで、救われる手がかりがない自分であるということです。「そくばく」とは、数知れないということです。数知れない迷い、救われるべき縁も手がかりもない自分自身ということです。その自分をこそ救おうと思い立ってくださった、大悲の本願のかたじけなさよ。このような自覚から、親鸞聖人は「身を粉にしても報ずべし」といわれたのだと思います。

師主知識の恩徳

また「師主知識の恩徳」というのは、釈尊をはじめとして、法然上人にまでいたる、三国七高僧の教えのご恩徳のことです。「如来大悲の恩徳は」の「如来」は、阿弥陀仏に限定しないで釈尊も入るのではないかという見方もできると思います。釈尊は、教えの主です。二河白道の譬喩などを参考にしますと、発遣《はっけん》の教主です。「決定してこの道を尋ねて行け」（「信巻」聖典二二〇頁）と勧められる、教えの主という意義があります。阿弥陀仏は、救い主、あるいは救いの法ということです。

救い主と教え主と、しっかりと役割を立てていくことが、宗教の健康性を保つ道だろうと思います。教祖が救いの可否を決定する権限まで握ると、たいへん恐ろしいことになるのです。教えるのは、お釈迦様。救ってくださるのは阿弥陀様という教を、二尊教といいます。釈迦・弥陀二尊の役割ということが、はっきりとあるわけです。

「師主知識の恩徳」とは、教えてくださった恩徳です。ですから、私としては、釈尊も含まれると思います。釈尊と、三国七高僧は、どのようなお仕事をなさったのかといいますと、濁悪の時代社会の中において、群萌に、阿弥陀仏の本願を明らかにし、ひたすら、真宗念仏と真実信心を勧めてくださったということです。群萌とは、雑草のごとく生きる、我々衆生のことです。

その教えてくださったということについての「恩」を感じるところから、後半の句があるわけです。たとえば、七高僧の中では、「曇鸞《どんらん》和讃」を見ますと、

一切道俗もろともに　　帰すべきところぞさらになき

安楽勧帰《あんらくかんき》のこころざし　鸞師《らんし》ひとりさだめたり

（聖典四九一～四九二頁）

とあります。「一切道俗」の、「道」は出家、「俗」は在家です。すべての人が、みな帰すべき処がまったくなかった。「安楽」は、極楽浄土のことです。極楽浄土に帰せよと勧めてくださった。浄土往生を願えと、曇鸞大師は、その時代において独り明らかにしてくださいました。何処に、何を目的として帰していけばいいのか。行き先がわからないということは、現在ただ今の意義もわからないということです。そういう一切道俗に対して、この道であると勧めてくださったと、曇鸞大師の恩徳を讃えておられるのです。

また、親鸞聖人が、直接にお会いになられた師匠である、法然上人についての和讃では、

曠劫多生《こうごうたしょう》のあいだにも　出離の強縁しらざりき

本師源空いまさずは　このたびむなしくすぎなまし

（聖典四九八頁）

と詠まれています。「源空」は、法然上人のことです。ここでの「曠劫多生」というのは、長い長い迷いを示す言葉です。生まれ変わり死に変わり、多くの生を経巡《へめぐ》って迷い続けてきた。その迷いから出て離れるという、強い縁を知らなかった。「本師」、まことの先生である法然上人（源空）がおられなかったら、このたびのこの一生も、空しく過ぎていったでありましょう。こういわれているのですから、法然上人にお会いすることによって、空

しく過ぎることが無い一生をいただいたということです。ここにも、救われる手がかり、道筋が無い自分を教え導き救ってくださった。救いの道を明らかにして教えてくださったことに対する、感謝の情がうかがわれるわけです。

「身を粉にしても報ずべし」とか、「ほねをくだきても謝すべし」とか、たいへんな言葉です。私は子どもの時に、この言葉を聞いて、胸の具合が悪くなりました。身を粉にするというのですから、粉にするプロセスを想像しますと、この肉体がどんなことになるか。すりつぶしていけば、血潮が出るでしょう、肉汁が出るでしょう。そういうことを想像しました。それから「骨を砕きても」というのは、骨が砕ける音が想像されました。それで、もう気分が悪くなって、胸の具合が悪くなって、ご飯も食べられないような気分になったことを思い出します。それは譬喩だろうという人もおられると思いますけれども、たんなる譬喩ではないと思います。

どぎつく、強い表現です。たとえば、お茶室に、もののあわれとか侘び寂びの情緒の場所に、この言葉を掛けて飾っても、しっくりときませんね。興醒めするのではないでしょうか。あまりにも生々しく、あまりにも強い言葉です。しかも、八十五歳でこの和讃をお詠みになったということです。年齢の問題ではないという意見もありましょう。それはそうでしょうけれども、だいたいは、若気の至りという言葉があるように、情熱的に心が昂ぶってしまって、命を賭けてもとか、死んでもとかいうことが多いようです。

親鸞聖人の場合は、そうではありません。実際に、ご生涯を通して、このような人生であったと拝察されるわけです。八十五歳の時に、はっきりとこういう形で文字に、和讃になさっているわけです。それは、「罪悪深重」の身、「いずれの行もおよびがたき身」という自覚から、このような言葉が湧き出てきたということであろうと思います。すなわち、救われる能力も資格もまったく無い我が身であるという深い信に徹した人においてこそ、このような強い恩徳感が湧き起こるのではないでしょうか。

だから「報ずべし、謝すべし」とは、これは恩徳に感じ、報謝せずにはおられないという、強い意欲であると思います。自分がやらずに、人に何々すべしというような話ではないのです。自ら報謝せずにおれないという心だと思います。これが「知恩報徳（恩を知り徳を報ず）」ということです。

「信じる」といいましても、また「有難うございます」と言葉でいいましても、「身を粉にしても、骨を砕きても」報謝するのだという当事者になっていなければ、エゴイズムの我執に基づく、虚仮疑惑の心に他ならないのではないでしょうか。

恩徳讃の言葉は、これはたいへん元気が出てくる言葉のはずです。それを歌いながら、元気が立ち上がらない、しぼんで、何の活力も出てこない。そういうことでは、歌っていても内実がないということです。親鸞聖人のお心と相応していない、あるいは共感できていないということに違いありません。

尊重すべきは世尊なり

「恩を知り徳を報ずる」ということについて、『教行信証』「信巻」に、『大智度論』の文章を『安楽集』から引用されています。「三番の解釈」といいまして、三種類の大事なことが述べられている所です。その第一は、

第一には、仏はこれ無上法王なり、菩薩は法臣とす。尊ぶところ、重くするところ、ただ仏・世尊なり。このゆえに当に常に念仏すべきなり。（聖典二四六頁）

とあります。仏は法王であり、菩薩は法臣であって、尊重すべきは仏・世尊であるといわれています。それは、

智度論にのたまわく　如来は無上法皇なり

菩薩は法臣としたまいて　尊重すべきは世尊なり
（「龍樹和讃」聖典四九〇頁）

という和讃にも詠まれています。これは、仏と菩薩の関係を示されたのです。そのわけが、第二に、もろもろの菩薩ありて、自ら云わく、「我曠劫より已来、世尊我等が法身・智身・大慈悲身を長養することを蒙ることを得たりき。禅定《ぜんじょう》・智慧・無量の行願、仏に由って成ずることを得たり。報恩のためのゆえに、常に仏に近づかんことを願ず。また大臣の、王の恩寵を蒙りて、常にその王を念うがごとし。」（「信巻」聖典二四六頁）

と、述べられます。菩薩たちが仏陀に向かって、仏陀は、はるか昔から、我々の法の身、智慧の身、大慈悲の身をお育てくださいました。菩薩の禅定や智慧や無量の行願は、仏陀のご指導によって完成することを得ました。この故に「報恩のためのゆえに、常に仏に近づかんことを願ず」と、報恩の感情から、常にお傍に居たいということです。（東本願寺『真宗聖典』二四六頁の「近ずく」を「近づく」と訂正。）

その反対は、親近しないということです。それを「雑修の失」といいます。蓮如上人のお言葉にも、

「同行《どうぎょう》・善知識《ぜんじしき》には、能く能くちかづくべし。親近《しんごん》せざるは、雑修《ざっしゅ》の失なり」と、『礼讃』にあらわせり。
（『蓮如上人御一代記聞書』聖典八八一～八八二頁）

とあります。これは、善導大師の『往生礼讃』を引いて、親鸞聖人が、

真《まこと》に知りぬ。専修《せんじゅ》にして雑心《ざっしん》なるものは大慶喜《きょうき》心を獲ず。かるがゆえに宗師（善導）は、「かの仏恩を念報することなし、業行《ごうぎょう》を作《な》すといえども心に軽慢を生ず。常に名《みょう》利《り》と相応するがゆえに、人我おのずから覆いて同行・善知識に親近せざるがゆえに、楽《この》みて雑縁に近づきて、往生の正行を自障障他するがゆえに」（往生礼讃）と云えり。
（聖典三五五～三五六頁）

と『教行信証』の「化身土巻」にお示しになられたことに基づいています。「専修にして雑心」の問題です。これを、雑修の失というのです。念仏申しながらも、虚仮疑惑の人の在り方です。

「先生、先生」と持ち上げながらも、近づきたくないというのなら、これは、先生として本当に尊敬しているわけではないということです。悪いところがあったら、また至らないことがあったら、大いにご指導いただけばよいでしょう。しかしそうはいかない。それが、虚仮疑惑の心です。

それから、「三番の解釈」の第三です。

第三に、もろもろの菩薩ありてまたこの言を作さく、「我因地にして善（悪）知識に

遇いて、波若を誹謗《ひほう》して悪道に堕しき。無量劫を径て余行を修すといえども、未だ出ずることあたわず。後に一時において善知識の辺《ほとり》に依りしに、我を教えて念仏三昧《ねんぶつさんまい》を行ぜん。その時にすなわちよくしかしながら、もろもろの障、方に解脱を得しむ。この大益《だいやく》あるがゆえに、願じて仏を離れず」と。

（聖典二四六～二四七頁）

とあります。菩薩たちは、「私は昔、善知識に遇って、波若を誹謗して悪道に堕しました」といいます。この「善」の下に「（悪）」と書きましたのは、現在の『真宗聖典』が、「我因地にして悪知識に遇いて、波若を誹謗して悪道に堕しき」と、「悪知識」としていますが、しかし、親鸞聖人直筆の『教行信証』「坂東本《ばんどうぼん》」では、「善知識」とされているのです。そのことを示すために、「我因地にして善（悪）知識」としました。

「知識」とは、先生ということです。その意味は、私は昔よい先生に会って「波若を誹謗して悪道に堕し」ました。「波若」とは、音写語で、仏教の智慧である般若のことです。その般若を「誹謗して悪道に堕し」た。「悪道」とは、地獄・餓鬼・畜生です。そのような悪道に堕ちて、長い間他の行を修したけれども、離れることができなかった。そして、「後に一時において善知識の辺に依りしに、我を教えて念仏三昧を行ぜん。その時にすなわちよくしかしながら、もろもろの障、方に解脱を得しむ」といわれます。後の時に、善知識が念仏三昧を教えてくださった。これによって諸々の障りを解脱することを得ました。つまり悪道から出ることを得ました。それ故に、

この大益あるがゆえに、願じて仏を離れず（聖典二四七頁）

といわれているのです。

親近したいと思うのには、わけがあるということです。「この大益あるがゆえに、願じて仏を離れず」とあります。このように、仏に近づきたいということは、いわゆるただファンとか追っかけになって、「ただ傍にいたい」と近寄るのではない。これは、「罪悪深重の身」「いずれの行もおよび難い身」という自覚から、報恩感謝の心が出てくるということです。

知恩報徳

親鸞聖人の著作は、報恩の情をもって一貫しているとうかがわれるのです。たとえば、『教行信証』の「総序」の一番終わりの段を見ますと、

ここに愚禿釈の親鸞、慶ばしいかな、西蕃《せいばん》・月支《がっし》の聖典《しょうでん》、東夏・日域《じちいき》の師釈、遇い

がたくして今遇うことを得たり。聞きがたくしてすでに聞くことを得たり。真宗の教行証を敬信して、特に如来の恩徳の深きことを知りぬ。ここをもって、聞くところを慶び、獲るところを嘆ずるなりと。

（聖典一五〇頁）

とあります。これが『教行信証』の「総序」の一番結びの段の言葉です。前の段の終わりが「聞思して遅慮することなかれ」です。それに続いて、「ここに愚禿釈の親鸞」という名乗りがあります。ご自身の正式な名乗りを挙げて、責任ある態度表現をされているのです。

「西蕃・月支の聖典」とは、インドの経論です。それから、「東夏・日域の師釈」は、中国と日本の師の釈です。それに、「遇いがたくして今遇うことを得たり。聞きがたくしてすでに聞くことを得たり。真宗の教行証を敬信して、特に如来の恩徳の深きことを知りぬ」といわれます。ここに、感謝の情が強く込められています。だからこそ、「ここをもって、聞くところを慶び、獲るところを嘆ずるなり」と、聞いた所をよろこび、獲た所を讃嘆する心から『教行信証』を書くと宣言されています。御恩報謝・知恩報徳の気持ちから『教行信証』を書くと、撰述意趣が示されています。撰述意趣というと古いいい方でしょうが、なぜこの本を書くのかという著作の動機、目的、願いということです。それには、知恩報徳が外せないのです。

また、「正信偈」の直前の「偈前の文」にも、

それ菩薩は仏に帰す。孝子の父母に帰し、忠臣の君后に帰して、動静己にあらず、出没必ず由あるがごとし。恩を知りて徳を報ず、理宜しくまず啓すべし。

（「行巻」聖典二〇三頁）

とあり、親孝行な子どもや忠義心の厚い臣下を例として、知恩報徳の心が述べられています。

また『化身土巻』の「三願転入の文」には、

ここに久しく願海に入りて、深く仏恩を知れり。至徳を報謝せんがために、真宗の簡要を摭《ひろ》うて、恒常に不可思議の徳海を称念す。いよいよこれを喜愛し、特にこれを頂戴するなり。

（聖典三五六～三五七頁）

とあります。これは、一切衆生と共なる深き迷いへの悲嘆を通して、ご自身の求道の歴程が綴られた後の言葉です。親鸞聖人は、万行諸善から専修念仏へ、さらに自力の執心を翻して、

選択の願海に転入せり、速やかに難思往生の心を離れて、難思議往生を遂げんと欲う。

果遂の誓い、良に由あるかな。

（聖典三五六頁）

と述べられています。阿弥陀仏の誓願の導きによって、信心の歩みをし、今まさしく選択本願の海に転入しようとしている。それは、「果たし遂げずんばあるべからず」という果遂の誓いの御催しによってです。それ故に、「ここに久しく願海に入りて、深く仏恩を知れり」といわれるのです。願のお導きをいただき、願海に入り、深く仏陀の恩を知った。そして、「至徳を報謝せんがために、真宗の簡要を摭うて、恒常に不可思議の徳海を称念す」と述べておられます。知恩報徳が、『教行信証』を書かれた理由であることがわかると思います。

嘲りを恥じず

知恩報徳の感情がないというのは、どのようなものかというと、

まことに如来の御恩ということをばさたなくして、われもひとも、よしあしということをのみもうしあえり。

（『歎異抄』聖典六四〇頁）

ということなのです。「われもひとも、よしあしということをのみもうしあ」っている。

善悪をあげつらって、活き活きとした知恩報徳の感情が失われているのです。如来のご恩を思うことなく、われもひとも、よしあしということばかりをいいあっている。これこそ、忘恩の状況です。

「罪悪深重《ざいあくじんじゅう》の身」「いずれの行もおよびがたき身」「出離の縁あることなき身」であるという事実を忘れるからこそ、ご恩も忘れるのでしょう。自分が何者かということを、忘れているということです。

今日のこの社会の状況が、まさしくそれではないでしょうか。また、それは、私たちの宗門の問題でもあると思うのです。法話会や聞法会はおこなわれても、どういう聞法がおこなわれているのか。恩徳讃は歌うけれど、その内実はどうなっているのでしょう。如来のご恩を忘れて、「われもひとも、よしあしということをのみ」あげつらっている。ここに重大な問題があります。それが、報恩の行に敵対するということです。

たとえば、「信巻」の「別序」に、

誠に仏恩の深重なるを念じて、人倫の哢言を恥じず。（聖典二一〇頁）

と、親鸞聖人はいわれています。また「後序」には、

ただ仏恩の深きことを念じて、人倫の嘲を恥じず。（聖典四〇〇頁）

とあります。なぜ、繰り返しいわれなければならなかったのでしょうか。

このような言葉が『教行信証』にあるということは、親鸞聖人が現に嘲りを受けたということだと思います。報恩行を実践して生きていこうという時、どうしてもぶちあたる問題があるということではないでしょうか。それは、人倫の嘲りです。人倫の嘲りを恥じる心との対決が、報恩行にはあるのです。「人倫」とは人の仲間、いわゆる世間のことです。「われもひとも、よしあしということをのみもうしあえり」というのが世間です。「仏恩の深きことを念」じる歩みに、世間の誇りや嘲りがあるということなのでしょう。どうして、讃嘆しないで嘲るのでしょうか。それは、世間の気に障るからなのでしょう。しかし、世間の嘲りがあるから、やめますということではありません。また、世間の嘲りをまったく無視するということでもありません。無視できること、無関係なことであれば、この言葉は出てこないと思います。

親鸞聖人は、『一念多念文意』の奥書に、次のように述べておられます。

いなかのひとびとの、文字のこころもしらず、あさましき、愚痴きわまりなきゆえに、やすくこころえさせんとて、おなじことを、とりかえしとりかえしかきつけたり。

（聖典五四六頁）

これに似た文章が、『唯信鈔文意』の奥書にもあります。『一念多念文意』や『唯信鈔文意』は、隆寛律師《りゅうかんりっし》の『一念多念分別事』や聖覚《せいかく》法印の『唯信鈔』の、漢文で述べられている著作の解説をされた本です。これについて、

こころあらんひとは、おかしくおもうべし。あざけりをなすべし。しかれども、ひとのそしりをかえりみず、ひとすじにおろかなるひとびとを、こころえやすからんとてしるせるなり。

（『一念多念文意』聖典五四六頁）

といわれています。こういうところに、親鸞聖人の立場があるのです。いなかの人々と共に、おろかなる人々と共におられるのです。「こころあらんひと」とは、教養があるとか、物を知っているという人です。その人々はおかしく思うだろう、また嘲りをなすだろう。それは承知のうえです。だからといって、黙ってはいられません。人々にこの教えをたやすく心得ていただきたい、わかっていただきたいと、人の謗りを顧みないで書いたのだといわれるのです。これは報恩行です。御恩報謝の心から、『一念多念文意』や、『唯信鈔文意』が書かれたということです。世間の嘲笑を、親鸞聖人は実際に見ておられたということです。

報恩ということを忘れれば、他人の善し悪しをいいあう。それで一日は、あっという間

に過ぎてしまいます。

疑惑の心

親鸞聖人は、和讃に、

仏智の不思議をうたがいて　自力の称念このむゆえ
辺地懈慢《へんじけまん》にとどまりて　仏恩報ずるこころなし
（『正像末和讃』聖典五〇五頁）

と、疑惑の問題を取り上げておられます。「自力の称念このむゆえ」とは、お念仏はしている。仏智の不思議を疑っても、念仏はしているのです。しかし、心が自力我執である。

仏智とは、仏陀の智慧です。私たちが「そくばくの業をもちける身」（『歎異抄』聖典六四〇頁）であるということを、よくよくご存じだということなのではないでしょうか。私がどういう者か、私のことを「罪悪深重煩悩熾盛の衆生」であると、仏陀の方はご存じである。私が「さるべき業縁のもよおせば、いかなるふるまいもすべし」（『歎異抄』聖典六三四頁）という者だということを、仏陀はちゃんとご存じである。それ故に本願を信じ念仏申せとお勧めになっておられるのに、念仏は良いものだそうだから、たくさん称えればいいのだろうと称える。これが「自力の称念」です。

　また、念仏のグループの中では、念仏申しておけば都合がいいだろうと、決して表には出さないけれども、念仏を称えながらも自力にかえなす。そういうありさまが、自力の称念ということです。その在り方のために、辺地懈慢にとどまるといわれるのです。

　辺地は、極楽浄土のへりの部分です。懈慢は、物憂い、あなどる世界です。極楽浄土にいく途中にある、停滞の世界として書かれているわけです。「報化二土正弁立」(「正信偈」聖典二〇七頁)と、源信僧都のことを親鸞聖人がいっておられる、化土の問題です。

　化土の問題は、親鸞聖人がたいへんに注意されておられることです。「疑惑和讃」がそうですし、『教行信証』の三分の一は「化身土巻」なのです。辺地懈慢というのは、現在の私の信心が、どのようなものであるのかを吟味するために、とても大事な言葉です。

　辺地は、責任回避の心です。極楽浄土の中心、阿弥陀如来の前に居れば良いでしょう。それなのに、へりで結構という心なのです。床柱を背負って、上座に座って叱られるしきたりの世界と、同じなのが信心だと思っている在り方です。出口に近い方から席が詰まるとか、教壇の真ん前の席が空席になる教室とか、そういう心の有り様です。好きな歌手のコンサートや舞台なら、最前列から座席が埋まるのですが、なかなか前の方に座る人が無くて、後ろの方から席が詰まる。そういう心が、辺地に示されていると思います。懈慢の懈は物憂い、めんどくさい、だるい。慢はあなどる。そんなことわかっている、という根性です。それで、停滞してしまっている。

念仏申しながら、辺地懈慢である。心が開かれない。仏恩報ずる心がない。我執に仏法を取り込んでしまう。それで信心だと思い込む。本当は、そう納得しているわけでもないけれど、溜息混じりに「なまんだぶ、なまんだぶ」という。お念仏の心を、人にもわかってもらいたい、伝えたいという心が起こらない。これが「仏恩報ずる心なし」ということです。

では、何をやっているのかというと、関心事は「ひとのよしあし」です。ただそういう有り様が駄目だから切り捨てるのかというと、そういうことではないのです。そういう駄目な有り様になっているということを、きちんと知らさせてもらうところが、実はたいへん大事なことなのです。

和讃に、また、

信心のひとにおとらじと　　疑心自力の行者も
如来大悲の恩をしり　　称名念仏はげむべし
（『正像末和讃』聖典五〇六頁）

とあります。疑心自力で称名念仏申すのが、駄目だというわけではないのです。たとえ自力であっても、「如来大悲の恩をしり、称名念仏はげむべし」と、勧められているのが大事なところなのでしょう。疑心自力の行者だから、お念仏はやめますという話ではなくて、疑心自力の行者が、自身を疑心自力であるときちんと受け止めることが大切なのです。この疑心自力の問題を、お示しくださっているのが師主知識です。また、その疑心自力の悩み苦しみを、よくよく知ったうえで、阿弥陀仏は「果遂せずんばあるべからず」、必ず救うぞという誓いを立てられたのだということです。

この疑心自力ということを、知らせていただくのが教えです。それによって、「如来大悲の恩をしり、称名念仏はげむべし」ということになるのです。これが、疑惑の問題について、親鸞聖人が懇切に教えてくださっていることであると感じます。

報恩の称名念仏

「正信偈」に、親鸞聖人は、

唯能常称如来号　応報大悲弘誓恩

（ただよく、常に如来の号を称して、大悲弘誓の恩を報ずべし）
（聖典一二〇五頁）
といわれています。「ただよく、常に如来の号を称して、大悲弘誓の恩を報ずべし」、こういうところから称名が報恩である、御恩報謝の称名念仏だといわれるのです。御恩報謝の心から、お念仏申すべし。これは、蓮如上人もお勧めになっておられることです。

報恩行とは、称名念仏であるといわれるところに、大事な意味があるのではないかと思います。親鸞聖人のお手紙の中にも、

わが身の往生、一定とおぼしめさんひとは、仏の御恩をおぼしめさんに、御報恩のために、御念仏、こころにいれてもうして、世のなか安穏なれ、仏法ひろまれと、おぼしめすべしとぞおぼえそうろう。
（『御消息集（広本）』聖典五六九頁）

とあります。「御報恩のために、御念仏、こころにいれてもうして」と、報恩感謝の称名念仏ということが勧められているのです。

念仏者が、人倫の嘲りを受けることもあるでしょう。地位や名誉やお金よりも、お念仏が大事だというようなことは、たやすく人にはわからない。初めて聞いた人は驚くでしょうし、「そんなことよりも、やっぱりお金じゃないか。何をいってるんだ」と思う人がほとんどでしょう。だから、「念仏なんかして」とか、「何もできない奴は、念仏しておれ」

というように、馬鹿にするような嘲りの言葉もぶつけられるのでしょう。しかしながら、嘲りを恐れずに、なすべきことは、ただ念仏申すことであるというのです。

お念仏は、如来の恩を思い、念仏申すということです。そこに、まさしくこの救われがたい自己自身、罪悪深重・煩悩具足の自己自身ということをきちんと受け止め、自覚し続けていくということがあるのです。そのことが、報恩行としての称名念仏たらしむる、たいへん大事なことなのです。

報恩行と真仮分判

いま、報恩は称名念仏であるということを尋ねましたが、もう一つ報恩行について申し上げたいことがあります。それは、真仮分判ということです。報恩の称名念仏を申すという、信心の生活の内容として、真仮分判ということを申したいのです。

『教行信証』の「真仏土巻」の結びに、

すでにもって真仮みなこれ大悲の願海に酬報せり。かるがゆえに知りぬ、報仏土なりということを。良に仮の仏土の業因千差《せんじゃ》なれば、土もまた千差なるべし。これを「方便化身《けしん》・化土《けど》」と名づく。真仮を知らざるに由って、如来広大の恩徳を迷失す。
（聖典三二四頁）

とあります。仏身仏土の真仮を知らないから、如来広大の恩徳を迷い失ってしまう。恩徳を無にしてしまうということです。真仮とは、真実と方便です。浄土については、真実報土、大般涅槃界、無量光明土といわれる真実の浄土と、七宝樹林や上品上生から下品下生までの九品の浄土や、辺地・懈慢・疑城・胎宮という方便の浄土があります。そのような、真実と方便とをきちんと心得て、見極めていくということが報恩行なのです。それは内容的には、真実信心と虚仮疑惑の信心をきちんと見据え、分判していくということです。

真仮を知らざるに由って、如来広大の恩徳を迷失す。これに因って、いま真仏・真土を顕す。これすなわち真宗の正意なり。
（聖典三二四頁）

そのように親鸞聖人はいっておられます。方便化土に対して、真仏・真土を顕すということが、如来広大の恩徳を明らかにしていくということなのです。ですから、報恩行として真仮分判があるということです。

真仮分判をするのは何でしょうか。それが信心の智慧です。『大無量寿経』では、下巻の後半に弥勒菩薩が登場します。

釈迦弥陀の慈悲よりぞ　願作仏心はえしめたる
信心の智慧にいりてこそ　仏恩報ずる身とはなれ
（『正像末和讃』聖典五〇三頁）

という和讃があります。釈迦弥陀の慈悲によって、仏になろうと願う心を得させていただく。それで、「信心の智慧にいりてこそ、仏恩報ずる身とはなれ」と、仏恩報ずる身となるというのは、信心の智慧に入ってこそだといわれています。信心の智慧とは何でしょうか。これは、我が身を知る、如来のご恩を知る、そして真仮分判をする智慧なのです。

極楽浄土に、真実と仮の浄土があるというのはどういうわけか。それは自分自身の心の有り様が辺地懈慢・疑城胎宮になっていると知るということです。そしてまた、信心の人の集いが、辺地・懈慢・疑城・胎宮という閉鎖的な組織団体になっていないかどうかということを点検する。こういうことが、信心の智慧なのです。

念仏申すということは、そのような信心の智慧を推進するということが無ければならないということではないでしょうか。念仏申して、それで停滞に陥ってしまうというのは、それは虚仮疑惑の信心であるということです。ですから、そういう信心の智慧によってこそ、涅槃を覚るということができる。これが、親鸞聖人が晩年、『正像末和讃』に特にはっきりと示されたことなのです。

ですから、称名念仏と真仮分判です。真仮分判とは、真仮を知っていくということです。真仮を知っていくということが、それが如来広大の恩徳に報いる道であるということです。

真仏弟子

『教行信証』の「信巻」に親鸞聖人は、真の仏弟子の生きざまを示しておられます。「真仏弟子釈」といいます。その中に、道綽禅師の『安楽集』を引いて、

いかんが名づけて「大悲」とする。もし専ら念仏相続して断えざれば、その命終に随いて定んで安楽に生ぜん。もしよく展転《てんでん》してあい勧めて念仏を行ぜしむる者は、これらをことごとく、大悲を行ずる人と名づく　（聖典二四七頁）

とあります。大悲を行じる、大悲を実践するとは、「展転してあい勧めて念仏を行ぜしむる」ということです。つまり、称名念仏することに、大悲を行じるという意味があるということです。

私たちが、念仏申す者になったということは、念仏を教えてくれた人がいたということです。自ら念仏をしていた人がいるお陰で、私たちは念仏申すようになったのです。やれ

やれ、私も念仏者にさせてもらった。これから後の人のことは、どうなっても関係ない。私は私で念仏させてもらうという考えで、良いのだろうかということです。念仏を展転相続して、念仏申すことを伝えていこう。少なくとも、このことの邪魔をしてはいけないということです。

大悲を行じる人が、念仏者であるというのです。先の文に続いて、善導大師の『般舟《はんじゅ》讃《さん》』の言葉があります。

今より仏果に至るまで、長劫に仏を讃めて慈恩を報ぜんと。弥陀の弘誓の力を蒙らずは、いずれの時・いずれの劫にか娑婆を出でん、（「信巻」聖典二四七頁）

ここに、恩徳についての感銘がよくうかがわれます。阿弥陀仏についての感謝の心です。それから、

いかんが今日宝国に至ることを期せん。実にこれ娑婆本師の力なり。もし本師知識の勧めにあらずは、弥陀の浄土、云何してか入らん、（「信巻」聖典二四七頁）

これは、釈尊に対する感謝の言葉です。その感謝の情から、「自信教人信」が出てくるのです。次は、『往生礼讃』の言葉です。

仏世はなはだ値い難し、人信慧あること難し。たまたま希有の法を聞くこと、これま

た最も難しとす。（「信巻」聖典二四七頁）

仏陀がおられる世には、甚だ値い難い。人は信心の智慧があることは、難い。たまたま希有の法を聞くことはもっとも難いことである。希有の法とは、浄土真宗の法のことです。そして、続いて、

自ら信じ人を教えて信ぜしむ、難きが中に転《うた》た更《また》難し。大悲、弘く普く化する、真《まこと》に仏恩を報ずるに成る、（「信巻」聖典二四七頁）

といわれています。それより何よりも難しいのは、「自ら信じ人を教えて信ぜしむ」という、自信教人信であるということです。これは、難きが中に「転た」、さらに、また、難しといわれるのです。それをなんとしても、その困難を踏み越えても、やっていかなければならない。

この文には、注意しなければいけないことがあります。善導大師は、「大悲、弘く普く化する」といっておられることです。「大悲伝普化」ではなく、「大悲弘普化」といっておられるのです。「大悲、弘く普く化する、真に仏恩を報ずるに成る」といわれるのですから、「大悲、弘く普く化する」とは、「大悲が、弘く普く教化する」ということになるのです。ここで大悲は、その前の「大悲を行ずる人と名づく」という大悲ですから、つまり念

仏を申すということです。そうすると、その念仏申すことのなかに、自ずから大悲の教化のはたらきがあることになるのです。

これは、智昇法師の『集諸経礼懺儀』に基づいて、親鸞聖人が『教行信証』に引用されているのです。『教行信証』にはこのようになっていながら、真宗教団においては、御歴代は、「大悲伝普化、真成報仏恩」(『御文』三帖目第九通、聖典八〇六頁)といわれてきているのです。

ここに、難しい所があると思います。念仏を伝えようという意欲は大変大事ですが、それは私のはからいではできません。大悲のもよおしであり、大悲のはたらきです。私が、それに向けて力を出すことではないのです。それは、かえって邪魔になるかもしれません。大悲が大悲自体のはたらきとして、教化をしてくださる。その器が念仏者であり、また念仏申すということです。ですから、念仏申すとは、人に聞かせようとして申すのではない。報恩感謝の心から念仏申す。仏恩を思って念仏申す。自己自身の身の事実に触れて、念仏申すということなのです。そういう念仏に、自ずから大悲の教化のはたらきがあるのです。

念仏申すということ、本人が本人自体の気持ちからお念仏申す。そういうことに、自ずから大悲の教化があるということです。それこそ、「真成報仏恩（真に仏恩を報ずるに成る）」ということです。

「大悲を伝えて普く化していこう（大悲伝普化）」というのと、「大悲が弘く普く化していく（大悲弘普化）」というのとは、大きな意味の違いがあります。「南無阿弥陀仏は、いくらでも子供を生むものであります」（「ひかりといのち」『曾我量深講義集』第十四巻、二〇六頁）と、曾我量深先生はいっておられます。お念仏のほかに、いかにして、どういう手段を設けて念仏を伝えていくか。他にどういう手があるのか。そういう方策に腐心するあまり、自ら報恩の情を忘れ、念仏申すことがお留守になってしまう。そういうことが、大変な危機であるということなのではないでしょうか。

弥陀の名号となえつつ　信心まことにうるひとは
憶念の心つねにして　仏恩報ずるおもいあり
（『浄土和讃』聖典四七八頁）

こういう和讃があります。様々な問題を抱えている救われ難い我が身をこそ、救おうという本願のお心を憶念するということです。だからこそ「仏恩報ずるおもい」がある。御恩報謝の心が立ち上がってくるのです。

如来大悲の恩徳は　身を粉にしても報ずべし

師主知識の恩徳も　　ほねをくだきても謝すべし
（『正像末和讃』聖典五〇五頁）

と、これが、「仏恩報ずるおもいあり」ということです。このような報恩のお心を思いながら勤行し、そしてまた、勤行によってそのお心を聞いていく。そのような日常の生活が、なくてはならないのではないかと思います。そこに本当に生きる喜びも、勇気も出てくるのではないでしょうか。

報恩が利益

親鸞聖人は、「金剛の真心」、真の信心を獲得すれば、この現在の一生において、十種類の利益を獲ると示されています。

一つには冥衆護持《みょうしゅごじ》の益《やく》、二つには至徳具足の益、三つには転悪成善の益、四つには諸仏護念の益、五つには諸仏称讃の益、六つには心光常護の益、七つには心多歓喜《しんたかんぎ》の益、八つには知恩報徳の益、九つには常行大悲《じょうぎょうだいひ》の益、十には正定聚《しょうじょうじゅ》に入る益なり。
（「信巻」聖典二四〇～二四一頁）

「現生十種《げんしょうじっしゅ》の益《やく》」の八番目に、「知恩報徳の益」が挙げられています。知恩報徳が、利益であるとされているのです。

そのように、私たちは受け取っていたでしょうか。ご恩返ししなければならないというのは、利益でしょうか。そうではなく、喜んで知恩報徳させていただきますということこそが利益なのです。いわゆる、ギブアンドテイクで、これくらいの時間働いたら、いくら賃金が入る。そのようなことが、普通の考えです。だいたい、何がしかの報酬を期待するものですが、知恩報徳はそうではないのです。お世話になったから、やらせてもらいますということです。時給いくらとか関係なしに、喜んでやらせていただきます。そういうことが、私たちに、もしできるとすれば、たいへん嬉しいことです。

実際に、何事か世話になったと感じることがあれば、あるいは、お世話になったと真に感じる人には、ただ働きさせてもらう。お礼の気持ちで、やらせてもらうことができます。掃除にしても、荷物運びにしても、させてもらう。そのことが喜びであるということです。それが利益だということです。

知恩報徳、恩を知り徳を報じさせてもらえることが利益である。このような恩徳に感じる生き方を、今日のわれわれは、喪失してしまった。親の恩とか、我が師の恩というようなことは古いと、長年打ち捨てられてきた面があったのではないでしょうか。それは、日本の思想動向の問題、現代の問題であると思います。

しかしながら、その恩に感じ、恩をお返ししていくということが、仏法、親鸞聖人のお心において、中心的な意義を持つものであります。知恩報徳の益を得る人が、常行大悲の益を得る人であり、その人が正定聚の人である。

信心を獲るとき正定聚に住するという中に、このような十種の益があるということです。これはよほど、内実を確かめ、明らかにしていかなければならないと思います。「信心定まる時、往生定まる、あるいは成仏定まる。それが正定聚です」とか、あるいは「空過のない人生を歩ませていただく、それが正定聚だ」といっているだけでは、内容が希薄になってしまうのではないか。知恩報徳の歩みをさせてもらう。「ただ仏恩の深きことを念じて、人倫の嘲を恥じず」。ただ恥じずというのではない、「仏恩の深きことを念じて、人倫の嘲を恥じず」、そういうような歩みが、正定聚の歩みなのではないかと感じるのです。

報恩と申しますと、たいへん広く大きく深い内容があるわけでしょうけれども、その一分をお話させていただきました。

二、真宗再興の願いを生きる

まことの信心の再興

真宗とは

親鸞聖人は、一二六二（弘長二）年十一月二十八日にお亡くなりになりました。蓮如上人は一四一五（応永二二）年のお生まれですから、親鸞聖人がお亡くなりになってから、百五十年あまり後に生まれられたのです。蓮如上人は、一四九九（明応八）年にお亡くなりになりました。昔は年齢を、数え年で数えますので、蓮如上人は八十五歳のご生涯でした。

そのご生涯をかけて、蓮如上人は、真宗再興というお仕事をなさったということは、大変によく知られています。「再興」というのは、「再び興す」と書きます。興とは、盛んにするということです。反対の言葉は廃とか亡です。そうすれば、再興とはふたたび盛んにするということです。

では、再興される真宗とは何でしょうか。真宗を訓読みすれば「まことのむね」、「まことのみむね」ということです。「宗」は、古くから、たとえば天台大師智顗《ちぎ》の『法華玄義』には、「宗は要なり」（『大正蔵』三三巻、六八三頁）と確かめられています。

また、「真」については、『教行信証』「信巻」に、真の仏弟子ということを釈されて、

「真」の言は偽に対し、仮に対するなり。（聖典二四五頁）

といわれています。親鸞聖人は、「真」とは、「仮」と「偽」に対するはたらきであるとされたのです。真ということは、仮のもの、偽りのものを明らかに照らし出してくるはたらきであると受け取ることができると思います。「宗」が要ということであれば、仮の要や偽りの要に対する真の要が真宗です。要は、たとえば扇の要です。これがなければバラバラになってしまうものですから、真の宗とは、清沢満之先生の「完全なる立脚地」ということでしょう。清沢先生は、

吾人の世に在るや、必ず一の完全なる立脚地なかるべからず。（『清沢満之全集』第六巻、三頁、濁点を補う、筆者）

と「精神主義」の初めに表明されました。「完全なる立脚地」とは、完全な依り処です。現在立っている場所は、これは大地があり、そして大地の上に建築物が建ち、そして床があり、その上に我々は今いるわけです。大地は、完全な依り処でしょうか。じつは、地震があると、揺れ動くのです。完全な立脚地とは、外面的にここに立っているというような

ことではなく、人間の生存全体についての立脚地、依り処ということを示す言葉です。宗はむね、要であるとして、「むね」とは、体でいえば、心臓や肺があるところです。また一冊の本の「むね」といいますと、その本のいいたいこと、肝心要ということを意味するわけです。それを「完全なる立脚地」ということができるのです。

それでは、真の宗ということは、親鸞聖人はどのように示しておられるのかというと、要点を絞っていいますと、弥陀の本願が真の宗であると示しておられるのです。弥陀の本願が、真の宗である。真宗とは、弥陀の本願のことであるといっておられるのが親鸞聖人です。

何を再興するのか

そうしますと、一つ問題があります。弥陀の本願は、興ったり衰えたりするものでしょうか。増えたり減ったりするものでしょうか。そういうことはありません。真宗は、仏法の真理、真実のことであり、弥陀の本願のことをいうわけですから、増えたり減ったりしないもののはずです。したがって、興るとか、それから消滅するとか、そういうこともないはずです。

真宗再興とは、よくいわれますが、そもそも真宗とは、再び興るというようなことはない、不増不減、常住、永遠のはずです。それを何故に、真宗を再び興すといわなければならなかったのかということを考えますと、興すということは、明らかにするということだろうとうかがわれるのです。

ですから、真宗再興とは、真の信心を再び明らかにするということでなければならないと思います。真宗再興は、信心再興のことなのです。我々の信心を明らかにするということをもって、真宗再興という課題にこたえていく。ひいては、親鸞聖人のご苦労にこたえていくということでなければならないと思います。

『蓮如上人御一代記聞書』の一八八条を見てみますと、

聖人の御流は、たのむ一念の所、肝要なり。故に、たのむと云うことをば、代々、あそばしおかれそうらえども、委しく、何とたのめと云うことを、しらざりき。しかれば、前々住上人の御代に、『御文』を御作り候いて、「雑行をすてて、後生たすけたまえと、一心に弥陀をたのめ」と、あきらかにしらせられ候う。しかれば、御再興の上人にてましますものなり。

（聖典八八八頁）

とあります。ここに、蓮如上人がなぜ再興の上人といわれるか、その意義が示されています。『蓮如上人御一代記聞書』とは、蓮如上人のお言葉と、折々の行動の記録を記された言行録です。その中に、このような言葉があるわけです。

「聖人」とは親鸞聖人です。「聖人の御流」とは、親鸞聖人の教えということです。親鸞聖人の御一流は、たのむ一念のところが肝要である。「故に、たのむと云うことをば、代々、あそばしおかれそうらえども」の「あそばす」とは、「する」の尊敬語です。それで、たのむということをお勧めになられましたけれども、という意味になります。蓮如上人は第八代、本願寺の第八代ですから、蓮如上人にいたるまで、代々「たのむ」ということをお勧めになってこられましたけれども、「委しく、何とたのめと云うことを」知らないままでありました。どのようにたのめばいいのかということを、知らないままできました。「しかれば、前々住上人」、これが蓮如上人のことを指します。蓮如上人の時代に、『御文』をお作りになりまして、「雑行をすてて、後生たすけたまえと、一心に弥陀をたのめ」と明らかにお知らせくださいました。「しかれば」、そうであるから、「御再興の上人にてましますものなり」と記されているわけです。

「御再興」というのは、真宗再興ということです。その再興の上人といえる理由は何か。

「たのむ」ということを、「雑行をすてて、後生たすけたまえと、一心に弥陀をたのめ」と教えてくださったことをもって、「しかれば、御再興の上人にてましますものなり」と記されているのです。

「雑行をすてて、後生たすけたまえと、一心に弥陀をたのめ」、この言葉は、蓮如上人の『御文』の中に繰り返し繰り返し示されています。「雑行」とは、「浄土三部経」に基づく修行である正行に対して、「浄土三部経」に基づかない諸善万行です。元は善導大師の『観経疏』に示されています。それによると、仏教には多くの修行があるけれど、正行と雑行という二つに大きく分けられるといわれます。そして、正行とは何かというと、浄土往生の行としての読誦・観察・礼拝・称名・讃嘆供養の五つの行です。「浄土三部経」を読誦し、阿弥陀如来とその浄土を観察し、阿弥陀如来と浄土を礼拝し、阿弥陀如来の名を称え、阿弥陀如来と浄土を讃嘆し供養する。これが、正行である五正行《ごしょうぎょう》です。

この五つの正行、正しい行いの内の、四番目の称名が正定業《しょうじょうごう》であり、正しく定まった行です。それは阿弥陀如来が正しく定めてくださった行なのです。さらにいいますと、人を正定聚《しょうじょうじゅ》に住せしめる、正しく定まった人々の仲間に入らせる、正定聚にならせるという行が正定業なのです。そして、前の三つと後の一つ、つまり読誦・観察・礼拝と讃嘆供養の四つの行を助業とされています。このように、『観経疏』に善導大師がお示しになられました。「正信偈」に「善導独明仏正意」（聖典二〇七頁）といわれている、その善導大師が、『観経疏』「散善義」の中に示しておられるのです。

これをうけて、法然上人は『選択本願念仏集』「二行章」に、正行・雑行の二行を立てて、雑行を捨てて正行に帰せよとお勧めになられました。称名は、ただ南無阿弥陀仏と称名念仏する正定業です。五正行の内、前の三つ、後の一つを助業とし、称名こそが正定業であるから、ただ念仏申すべしと説かれたのです。

この念仏は、阿弥陀如来が、我等一切衆生が平等に往生し成仏するという実践として定めてくださったのであるから、この正定業によるのであるとお示しになっておられるわけです。これが『歎異抄』には、「ただ念仏して、弥陀にたすけられまいらすべし」（聖典六二七頁）という法然上人のおおせになるわけです。

それで、「雑行をすてて、後生たすけたまえと、一心に弥陀をたのめ」ということは、つまりただ念仏申す、その心根を明らかにしてくださったわけです。ただ念仏の、その「ただ」というのが、信心を示すのです。ひたすらにとか、いたづらにとか、そういう「ただ」ではなくて、唯一、このこと一つとして、深く信じて念仏申すというのが「ただ念仏」です。その念仏の心、心根を、「雑行をすてて、後生たすけたまえと、一心に弥陀をたのめ」というように、明らかにお知らせくださいました。「弥陀をたのめ」ということは、代々教えてきてくださった。弥陀の本願をたのめということは、代々教えてきてくださった。しかし、どのように、何とたのむのがいいのかということを明らかに教えてくださったのが蓮如上人なのです。だから、再興の上人と申し上げるのですといわれているのです。

後生とは

「後生たすけたまえと、一心に弥陀をたのめ」といわれますが、「後生」とは、この世に対するのが「後生」です。後の生と書いています。室町時代と現在と、言葉の感覚が大分違うのです。「後生」とは、基本的には後の生、後の命ということですが、今に深くかかわる問題だったのです。死後どこにいくか、どこに生まれるのかということが、後生の問題ですが、その後生は、いつ決まるのかというと、それは現在の生が決めるわけです。「後生たすけたまえ」とは、この現在の生、今生において、真の生き方をするということが課題なのです。

普通は、神や仏を信じるといいますと、この世の利益を求めるということが多ですね。年末年始、神社仏閣にお参りする人々に、アナウンサーが、「何を祈りましたか」と聞く。すると、「家内安全、無病息災、商売繁盛、大学合格」というようなことを祈りましたとよくいわれます。自分の家の平和、自分の健康、自分の商売の繁盛、自分の大学受験がうまくいくように。今の世において儲けられるように、災いがこないように。そういうような、この世のエゴイズムの幸せのために祈る。それは、「後生たすけたまえ」という感覚と、まったく逆のことです。この世の儲け、損得を超えた真の生き方を示すのが、この「後生たすけたまえ」という言葉なのです。

これについて、蓮如上人のお言葉に、

「他宗には、親のため、また、何のため、なんどとて、念仏をつかうなり。聖人の御流には、弥陀をたのむが念仏なり。そのうえの称名は、なにともあれ、仏恩になるものなり」と、仰せられ候う（聖典八八七頁）

とあります。『蓮如上人御一代記聞書』の一八〇条です。「他宗には、親のため、また、何のため」にというのは、儲けとか、商売繁盛、家内安全、無病息災、そういうことを祈る。

この世の利養のために、念仏を使う。親鸞聖人の教えは、弥陀をたのむのが念仏であり、この世の利養のために念仏を使うのは、親鸞聖人の教えとは違うということを示しておられるわけです。「弥陀をたのむが念仏なり」ということです。

念仏とは、「南無阿弥陀仏」と称えることかというと、「弥陀をたのむが念仏」であるといわれます。「雑行をすてて、後生たすけたまえと、一心に弥陀をたのめ」、こういうことが念仏であるといわれるのです。親鸞聖人の教えでは、念仏というのは弥陀をたのむということがお念仏であるといわれるのです。これは、弥陀をたのむという時に、お念仏が出るわけでしょう。それから、お念仏する時には、弥陀をたのむという心根で称えるのだということを、親鸞聖人が教えてくださっていたということでしょう。

それで、「弥陀をたのむが念仏」なのだと、こういうことも蓮如上人が初めて明らかに教えてくださったというように記録されているわけです。

たのむ

弥陀を「たのむ」というのは、どういうことでしょう。現代人の言葉の感覚と、蓮如上人、あるいは親鸞聖人の時代の言葉の感覚とは、大きく変わってきていると思います。この「たのむ」という言葉もそうです。

現代用語では、「たのむ」というのは、「ちょっと、ちょっと、あんたいいところにきた。あれやってきてくれませんか。お願いします」という時に、「たのむから」といいます。「はい、やってきました」、「なんだ折角たのんだのに。期待はずれで、裏切られた。たのまなければよかった」というような調子で、「たのむ」という言葉がよく使われます。それから、就職について、「何かコネがありませんか。親戚や誰か、たのむつてがありませんか」というように、人をたのんで就職口をさがすとか、そういう時にたのむという言葉を使います。

これはだいたい、「人に」「何々してくれと」「たのむ」ということです。「何々してくれと」というのは、「何々」というところに、物や事柄が入るわけです。これですと、「たのむ」というのは、人を何か利用する、あるいは人を手段にするということになります。そういう印象が拭えません。現代人の「たのむ」という言葉はそうなっています。

阿弥陀様に、たすけてくださいとたのむ。こういう時の「たのむ」は、「阿弥陀様たすけてくださいよ」と依頼する。「阿弥陀様にお力があるんだったら、そのお力でもってたすけてください」と利用する、手段にする。そのように、阿弥陀仏にたのむというのでは、阿弥陀仏を手段にする、利用するということで、まことの信心とは違うのです。これは、自力の依頼心です。自力というのは、我が儘勝手のはからいです。我がはからいでもって依頼する、自力の依頼心だと思います。

それに比べると、「弥陀をたのむ」という言葉は、「を」の字でつなげてあります。「弥陀」「を」「たのむ」。「に」ではなくて「を」になっています。

古い言葉では、人をたのむという時の「たのむ」とは、依り処とする、あるいは命を預ける。自分のすべてを捧げる。そういうような意味です。たとえば歌舞伎で「たのむ」というと、主人への忠誠心ということです。また、この人とたのむのは、相手に命を捧げる、命をかける、すべてを投げ出すというような意味です。それが、この「弥陀をたのむ」ということです。つまり、帰命するということなのです。

このことは、よく承知しておきたいことだと思います。現代の「たのむ」は、利用するとか、手段として使うというような意味です。しかし、この「弥陀をたのむ」という時の「たのむ」は、依り処とする、命を捧げる、命をかける、すべてを相手に投げ出す。そういうような意味です。ですから、「折角たのんだのに」というようないい方はないわけです。「ああ失敗した。たのまなきゃよかった」というようにはならないのが、この「弥陀をたのむ」という「たのむ」です。結果としてどうなっても、たのんだのは私です。何の文句もありませんというのが「たのむ」です。

帰命の字訓

そこで、親鸞聖人はどのようにおっしゃっているでしょうか。『教行信証』「行巻」の「南無阿弥陀仏」の六字を解説されているなかの、帰命の「帰」の字の解説にうかがうことができると思います。善導大師が、

「南無」と言うは、すなわちこれ帰命なり、またこれ発願回向の義なり。「阿弥陀仏」と言うは、すなわちこれ、その行なり。この義をもってのゆえに、必ず往生を得、（聖典一七六頁）

と、南無阿弥陀仏の六字のいわれを『観経疏』にお示しになりました。蓮如上人も『御文』に繰り返し、このお言葉を挙げておられます。

親鸞聖人は、その善導大師の六字釈のこころを、

「南無」の言は帰命なり。「帰」の言は、至なり。また帰説《きえつ》（よりたのむなり）なり、説の字、悦の音、また帰説《きさい》（よりかかるなり）なり、説の字は、税の音、悦税二つの音は告ぐるなり、述なり、人の意を宣述《のぶ》るなり。

（「行巻」聖典一七七頁）

と解説されています。「帰」という言葉は「至」ということである。「至」とは、至る、究極の、最高のという意味です。そして、その「帰」とは、「帰説《きえつ》」と「帰説《きさい》」という意味があります。「帰説《きえつ》」とは「よりたのむ」。それから「帰説《きさい》」とは「よりかかる」と示しておられます。

これによって、「帰命」とはどういう意味でしょうか。生命に帰るという解説をされている例もありますけれども、そのような意味ではありません。親鸞聖人は、「帰」とは「よりたのむ」、「よりかかる」という意味であるとされました。そして、「命」は、弥陀の本願の招喚の勅命であるとされました。「二河白道の譬喩」に、「汝一心に正念にして直ちに来れ、我よく汝を護らん」（「信巻」聖典二二〇頁）とあります。「直ちに来れ」とは、真っ直ぐに来いということです。火の河、水の河の間にある白い道を歩んでいこうと決心し、一歩踏み出そうとした旅人に、「汝一心に正念にして直ちに来れ、我よく汝を護らん」と、西岸の人が呼び掛ける。その「直ちに来れ」という命令がこの「命」です。その「命」に

「帰する」。その「帰する」とは、「よりたのむ」ことです。ここに、「たのむ」と親鸞聖人が示されています。また、「よりかかる」というのです。「よりたのむ」「よりかかる」は、依り処とする、命を捧げる、すべてを相手に投げ出すということです。そういう意味が、この「帰命」にはあるわけです。

「弥陀をたのむが念仏なり」ということは、つまり、弥陀に帰命するということが念仏であるということです。「南無阿弥陀仏」の「南無」は、「帰命」であるというだけでは、なかなかわかりませんので、当時の日常用語で「たのむ」ということだと示されたわけです。

蓮如上人が、真宗再興をなさったといわれるのは、どういうわけか。それは、「雑業をすてて、後生たすけたまえと一心に弥陀をたのむ」という信心を明らかになさった。それ故に、真宗再興の上人であると申し上げるべきだと、『蓮如上人御一代記聞書』にありますが、このことは、おそらく蓮如上人が生きておられるうちに、いわれるようになったのではないかと思います。

平等の信心

それでは、蓮如上人は「たのむ」と教えられたその信心を、さらに、どのようにお示しになっておられるでしょうか。

それは、まずは、平等の信心ということです。『御文』一帖目第二通を見ますと、

当流、親鸞聖人の一義は、あながちに出家発心のかたちを本とせず、捨家棄欲のすがたを標せず、ただ一念帰命の他力の信心を決定せしむるときは、さらに男女老少をえらばざるものなり。（聖典七六一頁）

とあります。出家発心のかたちを必ずしなければいけないと、そういうものではない。捨家棄欲のすがたを標わさない。家を捨てる、欲を棄てるという姿も標わさない。「ただ一念帰命の他力の信心を決定」する時は、さらに男も女も、老人も若者も簡ばないのであるといわれています。この「一念帰命」は、一筋に弥陀をたのむ信心が決定するときには、男も女も、老人も若者も簡ばない。分け隔てしない、差別しないということです。

それから、『御文』一帖目第七通には、

そもそも、その信心をとらんずるには、さらに智慧もいらず才学もいらず、富貴も貧

窮もいらず、善人も悪人もいらず、男子も女人もいらず、ただもろもろの雑行をすてて正行に帰するをもって本意とす。（聖典七八五頁）

とあります。ここに「いらず」というのは、不要であるというのではありません。分け隔てしないということです。智慧も才学も関係無い。富貴というのは、経済的に豊かである。それから位が高い。それから貧窮はその反対です。貧しく生活が苦しい。それも分け隔てしない。善人も悪人も分け隔てしない。男も女も分け隔てをしない。それが信心であると示しておられます。

信心を獲るということについては、「ただもろもろの雑行をすてて正行に帰するをもって本意とす」、ただそれだけであるといわれます。学識も、才能も問題ではない。また、経済的な問題ではない。社会的な地位階級の問題ではないし、善人・悪人の問題でもない。それから男女の違いの問題ではない。「ただもろもろの雑行をすてて正行に帰するをもって本意とす」。真の信心を得るということにおいては、何も分け隔てがない。信心を得るということについては、それから信心の生活においても、分け隔ては何もないと示されているわけです。

親鸞聖人の時代も、たいへんな激動の時代でしたけれども、蓮如上人の時代も、戦国乱世の時代でした。その中で弱肉強食、強いものが弱いものを倒すと、そういうような事がおこなわれていた時代です。現代も真相は、乱世ということにおいて変わりはないのではないでしょうか。日本国内においては、戦争はおこなわれていない。いないけれども、やはり戦争状況の中にいるのと同様だと思います。そういう中において、今から五百年もの昔に、こういうことが明らかにされ、そしてこれが実行された。平等の信心ということと、それから平等の信心に基づく人間の関係ということが、世の中に実現されたということは、忘れてはならないことではないかと思います。

このような蓮如上人の、「弥陀をたのむ」という、その信心の開顕ということは、決して机の上で、あるいは平穏な状況の中でいわれたのではありません。真実ということにつきまして、真ということは、仮に対し偽に対す。実ということは虚に対す。やはり「対し」「明らかにする」というようなことをもって、この信心を明らかにするということがおこなわれてきたのです。

物忌みしない信心

『御文』一帖目第九通に、物忌みの問題が説かれています。

仏法を修行せんひとは、念仏者にかぎらず、物さのみいむべからずと、あきらかに諸経の文にもあまたみえたり。（聖典七六九頁）

「いむ」というのは、「忌む」。「物さのみいむべからず」と、お経の文にもたくさんあります。

まず、『涅槃経』にのたまわく、「如来法中　無有選択　吉日良辰」といえり。この文のこころは、如来の法のなかに吉日良辰をえらぶことなしとなり。（聖典七六九頁）

つまり日にちの良し悪しです。大安吉日とか、仏滅、友引とか、こういう日にちのことです。日にちの良し悪しを簡ぶ。大安吉日、仏滅、友引、三隣亡とか、暦に載っているのは、実は根拠のないものです。六曜という日にちの説は、江戸時代に成立したものです。平安時代には平安時代の、奈良時代には奈良時代の説があります。それだけではない、インドにはインドの日にちの良し悪しをいう習慣があった中で、この『涅槃経』というお経においては、如来の法の中に、日にちの良し悪しをいうことはないと説かれた。それから、方角の良し悪しということもないということを、蓮如上人は明らかに教えておられるわけです。「日に吉凶無し。法に善悪無し」です。

　宗教を信じるという場合、この日にちの良し悪しとか、方角の良し悪しが、ずいぶん関わるように思われていたのでしょう。実は、現在もそうです。日にちの良し悪しはない。方角の善悪はないのです。人が生まれるについて、きょうは仏滅だからお産は止めよう、きょうは大安だから出産しようと、そういうようにして生まれる人はいません。人間が生まれ、死ぬということについて、日にちの良し悪しということは選べないものです。この呼吸が止まったら、それで命が終わる。そういう中を我々は生きているわけで、日にちに左右されるべきではありません。日にちを差別するものは、人をも差別するでしょう。日にちに規制されることなどは、あってはならない。それを明らかに示すのが、仏教であるということです。

　それから、その次には、『般舟三昧経』の文をお引きになっておられます。

　また『般舟経』にのたまわく、「優婆夷《うばい》、聞二是三昧一《このさんまいをききて》欲レ学者《まなばんとほっせんものは》、乃至　自帰二命仏一《みずからぶつにきみょうし》帰二命法一《ほうにきみょうし》　帰二命比丘僧一《びくそうにきみょうし》　不レ得レ事二余道一《よどうにつかうることをえざれ》、不レ得レ拝二於天一《てんをはいすることをえざれ》、不レ得レ祠二鬼神一《きじんをしすることをえざれ》、不レ得《きちりょうに》レ視二吉良日一《ちをみることをえざれ》、已上」といえり。この文のこころは、優婆夷この三昧をきいてまなばんと欲せんものは、みずから仏に帰命し、法に帰命せよ、比丘僧に帰命せよ、余道につかうることをえざれ、天を拝することをえざれ、鬼神をまつることをえざれ、吉良日をみることをえざれといえり。かくのごとくの経文どもこれありといえども、この分をいだすなり。ことに念仏行者はかれらにつかうべからざるようにみえたり。よくよくこころうべし。（聖典七六九〜七七〇頁）

「優婆夷」とは、在家の女性信者のことです。「この三昧をききてまなばんと欲せんものは」という文は、『教行信証』「化身土巻」に、親鸞聖人がお示しになっておられる文でもあります。「この三昧」というのは、『教行信証』の文脈では、念仏のことです。お念仏の教えを聞いて学ぼうとするものは、自ら仏様に帰命し、法に帰命せよ、比丘僧に帰命せよということです。教団のことを、僧、僧伽というのです。「余道につかうることをえざれ」、それ以外の道に事えるな。それから、天に向かって礼拝するな。それから「鬼神をまつることをえざれ」、死んだものの霊魂、その霊の祟り、そういうことを怖れ、祟りを怖れて祀るようなことをするなと。日にちの良し悪しをみる。そういう日にちの良し悪しを選ぶなということをいわれているわけです。

その日にちの良し悪しをいう、それから天を拝する、それから鬼神の魂を怖れる、死んだものの霊魂の祟りを怖れる、そういうような信仰、信心のあり方に対して、そうではないと、ただ弥陀をたのむことが真の信心であるといわれるのです。弥陀をたのんだうえに、日にちの良し悪しをいい、法の善悪をいうということでは、それは阿弥陀仏をたのんだことにはなりません。

物忌みは、色々あります。お葬式の帰りに、清めの塩を使うことがあります。そういうのは、命が終わることが穢れだと思う間違った考え方があるから、塩を使って清めるようなことが出てくるわけです。浄土真宗は、そういうことはいわないと示されているのです。

こういう点から、門徒物知らずともいわれるようになってきたのです。門徒物知らずとは、つまり友引にお葬式をするとか、「えっ、友引が何故悪いんですか、お葬式やって何がわるいんですか」。お葬式から帰ってきて塩を使わない。「塩をどうするんですか、まだ料理しませんよ」といって、塩を使わない。日にちの良し悪しも見ないし、塩も使わないし、何も知らない人たちだというので、門徒物知らずというようにいわれてきたわけでしょう。しかしこれは、門徒物知らずといわれたら、「はい、知りません」といって、南無阿弥陀仏の一道を歩むということで、それで結構なのです。そういうことも、また蓮如上人がお示しくださったことによると思います。

信心を正す―異解との対決―

それからさらに、蓮如上人は、どのように真実の信心をお示しくださったのかを、たずねたいと思います。

蓮如上人は、当時横行していた異義の過ちを指摘しつつ、真の信心を明かにされました。まず、物取り信心とか、施物だのみといわれるものに対する姿勢です。物をたくさん寄付したものが善い弟子だとか、たくさん寄付すれば、その寄付の力で助けてもらえるという。献金すれば、あるいは布施をたくさん出せば助かるといって、お金を巻き上げる。これは、いわゆる宗教といわれているものの中で、現在も随分横行している過ちです。実は、宗教カルトの問題でしょう。それを蓮如上人は厳しく見つめて、批判しておられるのです。ですから、何が求められているかというと、

今日よりのちは、他力の大信心の次第を、よく存知したらんひとにあいたずねて、信心決定して、その信心のおもむきを弟子にもおしえて、もろともに、今度の一大事の往生を、よくよくとぐべきものなり。（『御文』一帖目第十一通、聖典七七二頁）

と、お示しになっておられるのです。

また、十劫正覚《じっこうしょうがく》の安心といわれるものがあります。

当流親鸞聖人の勧化のおもむき、近年諸国において種々不同なり。これおおきにあさましき次第なり。（中略）そのすすむることばにいわく、「十劫正覚のはじめより、われらが往生を、弥陀如来のさだめましましたまえることを、わすれぬがすなわち信心のすがたなり。」といえり。

（『御文』二帖目第十一通、聖典七八九～七九〇頁）

蓮如上人の時代において、すでに親鸞聖人の教えが諸国において種々不同に伝えられていたのです。これはまことに浅ましいことであると、異義の主張を挙げておられます。遠い十劫の昔に阿弥陀如来は覚りを得られた。そのときから、我々の往生を弥陀如来が定めてくださったということを、忘れないのが信心の相であると伝えているものがある。これは、「十劫安心」といわれる異義です。

弥陀成仏のこのかたは　いまに十劫をへたまえり
法身の光輪きわもなく　世の盲冥をてらすなり

（『浄土和讃』聖典四七九頁）

このように、親鸞聖人がご和讃になさっておられるように、阿弥陀仏は、十劫の昔にすでに仏様にお成りになっているのです。つまり、弥陀の本願が成就して阿弥陀仏になられたのですから、その時以来、我々の浄土往生は決まっている。その意味で、阿弥陀様が仏に成られたということを忘れないのが、我々が往生する、救われるということであるというのが「十劫安心」です。遠い昔に、すでに救いは定まっているという、そういう考え方です。

これが何故、真実信心ではないといわれるのかといいますと、罪業の痛みの前には、吹き飛んでしまうからです。罪業の身における、現在の信心の救いということが抜けているからです。遠い昔に救いは決まっていたのだと思い込もうとすることは、決して救いにはなりません。親鸞聖人は、

弥陀の五劫思惟の願をよくよく案ずれば、ひとえに親鸞一人《いちにん》がためなりけり。されば、そくばくの業をもちける身にてありけるを、たすけんとおぼしめしたちける本願のかたじけなさよ（聖典六四〇頁）

と、常にご述懐なさっていたと、『歎異抄』「後序」に伝えられています。現在ただ今、罪業の自分自身が、弥陀の本願大悲の中に生きていた。現在の自身に、如来の本願がかけられていたのだという自覚が信心です。これを抜きにして、遠い昔に救いは決まっていると考えたとしても、これは信心とはいっても、空想的・教条的であって、現在ただ今のまことの信心ではないということです。

それから、もうひとつ、善知識だのみの異義があります。

またあるひとのことばにいわく、「たとい弥陀に帰命すというとも、善知識なくは、いたずらごとなり。このゆえに、われらにおいては善知識ばかりをたのむべし」と云々　これも、うつくしく当流の信心をえざるひとなりときこえたり。

（『御文』二帖目第十一通、聖典七九〇頁）

弥陀に帰命しようとしても、善知識がいなかったならば虚しいことである。この故に、我等においては善知識ばかりをたのむべしと、こういうようにいっている人がいる。「これも、うつくしく当流の信心をえざるひとなりときこえたり」。真の信心を得ていない人であるとしておられます。そこで、そもそも善知識とは何かを示されます。

そもそも善知識の能というは、「一心一向に弥陀に帰命したてまつるべし」と、ひとをすすむべきばかりなり。

（『御文』二帖目第十一通、聖典七九〇頁）

「善知識の能」というのは、善知識の為すべき事です。善知識というのは、何をなさる方が善知識かというと、「一心一向に弥陀に帰命したてまつるべし」と、自ら弥陀に帰命し、人に帰命することをお勧めになる、それが善知識であるということをお示しになっているわけです。ですから、善知識というは、阿弥陀仏に帰命せよといえるつかいなり。宿善開発して、善知識にあわずは往生はかなうべからざるなり。しかれども、帰するところの弥陀をすてて、ただ善知識ばかりを本とすべきこと、おおきなるあやまりなりとこころうべきものなり。

（『御文』二帖目第十一通、聖典七九〇頁）

「知識」は、先生や友達のことをいう時があります。善知識というのは、善い師匠、善い友のことです。その善知識は、阿弥陀様に帰命するということを教えてくださるのが善知識です。それなのに、阿弥陀様に帰命するということを忘れて、善知識だけにおすがりする、善知識様のお力でなんとか助けてくださいというあり方は、これは阿弥陀仏に帰依するのではなくて、教祖の人格に帰命する、人格崇拝ということになってしまうわけです。

これは、宗教や信心の問題として、宗教の形を取りながら、実質は人格崇拝であるという宗教が、まあるのです。教祖や会長の個人の力量、知恵、能力を崇拝する。その教祖が、救済の決定権を握る。そのようなあり方を批判なさっているのが、蓮如上人です。たのむべきは、弥陀一仏である。善知識は、その弥陀に帰命するということを教えてくださる善知識であるといわれるわけです。ですから、弥陀をたのむということが、真の信心である。それ以外に真の信心はないということです。

以上のように、日にちの良し悪しや穢れを気にする物忌み。寄付の多少によって救済の可否が決まるという、物取り信心や施物だのみ。さらには、はるか遠い昔に救いが決まっていると考える十劫安心。それから、教祖一人の人格崇拝である善知識だのみ。これらのような考え方を批判して、弥陀をたのむのが信心であるといわれたのが蓮如上人なのです。ですから、蓮如上人の、弥陀をたのめという勧めは、何も考えずにただ弥陀をたのむということではないのです。物忌み、物取り、十劫安心、知識帰命、このようなはからいを振り捨てて、弥陀をたのむのだということをお示しになっているのです。

これらの問題は、宗教あるいは信仰といわれている中に、現に今もある形ではないでしょうか。たくさん献金しなさい、寄付しなさいという物取り。それから、貴方の肩に何か乗ってます、見えませんか。私は見えますよ、といって近づいて、祈ってあげましょうという。浄霊とか、除霊とか、塩を使って穢れを清めなさいという。日の吉凶とか、そういうようなものは、物忌みの範疇に入るわけです。鬼神崇拝ですね。また、教祖が絶対権限を持って、救済の可否を握っている知識帰命。このような迷信と対決して、真の信心が明らかに示されなければならないのです。

救済自覚の契機

信心の惑いというのは、つまり、自己自身の自覚が抜けていることによって起こるわけです。現在ここに我が身があるという、現在ただ今の事実。自己自身として今ここに居るという事実を抜きにして、人や物を当てにし、先生におすがりして、何かにかこつけて物忌みする。こういうのは、自己自身がお留守になっている。そういう問題があると思います。身をもって生きているということは、辛いことであるかもしれませんが、その我が身があるということが、唯一の救済自覚の契機になるわけです。身の自覚とは、機の深信のことです。

一宗の繁昌と申すは、人の多くあつまり、威の大なる事にてはなく候う。一人なりとも、人の、信を取るが、一宗の繁昌に候う。（聖典八七七頁）

というのは、『蓮如上人御一代記聞書』の中にある、蓮如上人のお言葉です。人が多く集まって、勢いが盛大であるということが一宗の繁昌ではない。「一人なりとも、人の、信を取る」、一人でも真の信心を取るのが一宗の繁昌であるといわれるのです。この一人というのは何か。これは、我が身の自覚ということです。

その我が身とは、我が儘の思いで我が身といっているのとは違います。『歎異抄』の「後序」に、

弥陀の五劫思惟の願をよくよく案ずれば、ひとえに親鸞一人がためなりけり。されば、そくばくの業をもちける身にてありけるを、たすけんとおぼしめしたちける本願のかたじけなさよ
（聖典六四〇頁）

と、親鸞聖人がご述懐なさったその「一人」、「親鸞一人がためなりけり」、そういう我が身のところに、まことの信心獲得ということがあるということでしょう。

この『歎異抄』の「親鸞一人がためなりけり」ということは、決して、威張っていっておられる言葉ではありません。続いて、「されば、そくばくの業をもちける身にてありけるを、たすけんとおぼしめしたちける本願のかたじけなさよ」とあります。「そくばくの業をもちける身」というのは、数知れない悪業を持った自分自身であるということです。この自分をこそ助けようと思い立ってくださったご本願というのは、何とかたじけないことかといっておられるのです。ということは、そくばくの業を持った自分自身であるということを、一点一画も逃さず誤魔化さず、その身をもって生きるその痛み、悩みにこそ、阿弥陀仏の本願がかけられた我が身であるという、目覚めがあるということです。

「親鸞一人がため」というその一人は、我々一人一人がその一人として呼びかけられているのです。それ故に、そのまことの信を取るその一人が誕生するところ、一宗の繁昌はあるのです。

蓮如上人のこのお言葉は、山科の本願寺が建立され、満堂の人の集まりの中でいわれたお言葉だそうです。一人、まことの信を取る一人になりましょう。その一人の誕生のところに一宗の繁昌ということはありますということをお示しになられたのです。

そういう点から、真宗再興ということは、現代の我々において、まことの信心をいま明らかにする。自己自身に明らかにし、そして人々に明らかに伝えていく。そういうことをもって、真宗再興という実質があるのではないかということを感じるわけでございます。

「まことの信心の再興」という題で、お話しをさせていただきました。

法の不思議

仏法を聞くに厭足なし

「法の不思議」という題のもと、お話をしたいと思います。

「法の不思議」の「法」とは、仏法です。「不思議」とは、よく使われる言葉ですけれども、思いはからいを超えた事柄、事実に出会った時に出てくる言葉です。この「法の不思議」という言葉は、蓮如上人のご生涯とお言葉を記された『蓮如上人御一代記聞書』の中に、次のようにあります。

「仏法に厭足なければ、法の不思議をきく」と、いえり。前住上人、仰せられ候う。「たとえば、世上に、わがすきこのむことをば、しりても、しりても、なお能くしりたく思うに、人にとい、いくたびも、数奇たる事をば、聞きても、聞きても、能くしりたく思う。仏法の事は、いくたび聞きても、あかぬ事なり。しりても、しりても、存じたき事なり。仏法の事は、いくたびも、いくたびも、人にとい、きわめ申すべき事なる」由、仰せられ候う。

（聖典八九七〜八九八頁）

と。『蓮如上人御一代記聞書』といいますと、蓮如上人のお子様の実悟という方が、蓮如上人はどういうお方であったか、どういう教えを残してくださったかということを、ご自身が受け止めて記し、編集された。『実悟旧記』という本がその中心でありまして、他にいくつも蓮如上人の言行が編集され、今日『真宗聖典』に収められているのは大部の分量で、全体で三一六条に編集されています。その中には、蓮如上人のお言葉だけでなく、上人がお亡くなりになった後の、蓮如上人にちなんだ言葉も記されているわけです。

それで、この言葉は、蓮如上人のお子様の実如上人の言葉が紹介されているのですが、大まかな意味をみてみましょう。

「仏法に厭足なければ」の「厭足」とは、飽きて嫌になってしまう、もう十分だ足りたと思うことです。その「厭足」がない故に、法の不思議を聞くのである。これについて「前住上人」、すなわち実如上人は、次のようにおっしゃった。世間のことでも、自分の好きなことは知れば知るほど、さらによく知りたいと思うし、聞けば聞くほどよく聞きたいと思う。それと同様に、あるいは、仏法のことは、なおさらそうである。仏法の事は、いくたびも、いくたびも、人に問い、究めていくべきことである。このような言葉が、『蓮如上人御一代記聞書』の中にあるわけです。

ここに「仏法に厭足なければ、法の不思議をきく」とありますが、これは古い言葉のようです。どれくらい古い言葉かといいますと、これは『華厳経』の言葉が元になっているようです。

親鸞聖人が著わされた『教行信証』「信巻」の中に、『華厳経』が引用されていますが、そこに次のようにあります。

もし常に尊法に信奉すれば、すなわち仏法を聞くに厭足なし。もし仏法を聞くに厭足なければ、かの人、法の不思議を信ず。（聖典二三一頁）

この言葉が、『蓮如上人御一代記聞書』の「仏法に厭足なければ、法の不思議をきく」の元であろうと思います。では、それは、どういう意味でしょうか。もし尊い法を信じる気持ちがあると、法を聞くということに飽きるということがありません。もし法を聞くことに飽きることがないと、その人は法の不思議を信じるのである。まさしく、法の不思議を信じていただくのであると、まことの信心の徳ということを詳しく示されているのです。

「信奉すれば」「厭足なければ」とは、古文の文法でいうと「已然形＋ば」の形ですから、確定条件ということです。

法を信じる心は、極めて大切な心です。特に親鸞聖人の教えによると、「弥陀の本願には老少善悪のひとをえらばれず。ただ信心を要とすとしるべし」（『歎異抄』聖典六二六頁）といっておられます。弥陀の本願を信じるということについては、老人や若者、善人や悪人を差別しない、分け隔てしないのである。ただ信心のみが要であり、一番大切なことですと示してくださいました。その弥陀の本願を信じる、その信心にどういう徳があるのかということを示される中に、この言葉があるわけです。

法を尊び、そして深く信じていただいていくという人は、法を聞くことに飽きるということがありません。法を聞くことに飽きることがないので、その人は法の不思議を信じるということに必ずなります。それで、近くは『蓮如上人御一代記聞書』からいただきました「法の不思議」という題ですけれども、その元を辿っていきますと、親鸞聖人の『教行信証』の「信巻」に引かれました言葉になります。さらに遡りますと、インドに源を発します仏教の、大乗仏教の、特に中心的なお経である『華厳経』にある言葉でした。歴史的展開の上からいいましても、相当に深い歴史的な長さを経過して、鍛え出されてきた言葉であろうと思うわけです。

聞法の姿勢

それでは、「法の不思議」ということは、私たちにどういう関わりがあるのでしょう。現在生きている私たちに、どのようなことを示してくださっているのでしょう。『蓮如上人御一代記聞書』を開いてみますと、こういうことが書かれています。

あさの御つとめに、「いつつの不思議をとくなかに」(高僧和讃)より「尽十方の無碍光は　無明のやみをてらしつつ　一念歓喜するひとは　かならず滅度にいたらしむ」(同)と候う段のこころを御法嘆のとき、(聖典八五五頁)

ここにいわれている朝のお勤めですが、これは蓮如上人の時代から正式に朝のお勤めの作法、儀式というのが定められたのです。「正信偈」「念仏」「和讃」を続けてお勤めするという勤行の形式が、蓮如上人によって整えられたのです。その時「和讃」は六首お読みになる。これは現在も、本願寺はじめ全国の一般寺院、さらにはご門徒においても続けられていることです。

「正信偈」が終わりましてから、ナームアミダーブーとお念仏を申して、それから和讃を一首。そして次にまたお念仏、そして次にまた和讃を一首。そして次は音の高さを上げて、そしてまた念仏、それで和讃を一首。そういうようにして六首和讃をいただく、三重の念仏の勤行です。勤行が教えを聞き、そして教えを讃嘆するということになるのです。そういうお勤めの形式を、蓮如上人が定めてくださったのです。

『高僧和讃』の「曇鸞讃」に、次のような和讃があります。

いつつの不思議をとくなかに　仏法不思議にしくぞなき
仏法不思議ということは　弥陀の弘誓になづけたり
（聖典四九二頁）

こういう和讃です。「曇鸞和讃」の十三首目がこの和讃です。さらに、十八首目には、

尽十方の無碍光は　無明のやみをてらしつつ
一念歓喜するひとを　かならず滅度にいたらしむ
（聖典四九三頁）

とあります。第十三首から第十八首まで、これを数えると六首です。その六首の和讃を、朝のお勤めでお読みになったのです。そして、お勤めが終わりました後、蓮如上人が、「ただ今の和讃の心は」と、和讃の心を解説されたのでありましょう。

その「尽十方の無碍光は」という和讃は、その日の朝のお勤めの六番目の和讃です。最初が「いつつの不思議」、それから六首読んでいかれました。それでお勤めが終わった後に和讃のお心を解説された中で、

「光明遍照十方世界」（観経）の文のこころと、また、「月かげの　いたらぬさとは　なけれども　ながむるひとの　こころにぞすむ」とあるうたをひきよせ、御法嘆候う。

（『蓮如上人御一代記聞書』聖典八五五頁）

と、お話をされたのです。六首の和讃のお心を解説なさるのに、「光明遍照十方世界」という『観無量寿経』の言葉を取り上げられました。この言葉は、『観無量寿経』でたいへん有名な一節です。

一一光明、遍照十方世界。念仏衆生、摂取不捨。

（一一の光明遍く十方世界を照らす。念仏の衆生を摂取して捨てたまわず）

（聖典一〇五頁）

『観無量寿経』の第九番目の観察が説かれている、第九真身観の中の言葉です。阿弥陀仏の真のお体をよくよく観なさいということを説いてある段です。阿弥陀仏の真のお体は、光明です。その光は、遍く十方世界を照らしたもう。それが、「光明遍照十方世界」です。その光は、念仏の衆生を摂め取ってお捨てになりません。この「念仏衆生摂取不捨」という事実をいただくことが、まことの仏に出遇うことであるということです。真の仏を観るということは、それ以外にないと示されている、『観無量寿経』の肝心要というところです。

仏心者大慈悲是（仏心というは大慈悲これなり）　　（『観無量寿経』聖典一〇六頁）

と、「真身観」に説かれるように、阿弥陀仏のお心は大慈悲です。その大慈悲が、光明として十方世界を照らしてくださり、そして念仏の衆生を摂め取ってお捨てにならない。この言葉が『観無量寿経』の中にあるわけです。この文の心と、それから、次の「月かげの、いたらぬさとは、なけれども」の歌を引き寄せて、ご法話で讃嘆なさったのです。この歌もまた、大変有名な歌です。

月かげの　いたらぬさとは　なけれども　ながむるひとの　こころにぞすむ

これは法然上人のお歌です。月影がいたらない里はないけれど、月だといって眺める人の心にこそ、お月様の光は澄み渡っている。または、住むのであるということです。「すむ」は「澄む」と「住む」の懸け言葉です。

月は晴れても心は闇だという人には、お月様はないというわけです。「いいお月様だ」とふり仰ぐ人にこそ、お月様の光は味わわれるわけです。この歌を引き寄せて、ご法嘆になられましたということです。

この法然上人の歌と、『観経』の「光明遍照十方世界、念仏衆生摂取不捨」がどういう関係があるかといいますと、「ながむるひとの、こころにぞすむ」という「ながむるひと」が、この「念仏衆生」です。お月様の光は、遍く十方世界を照らしてくださる。しかしそのお月様の光を、「ああ月だ」といって眺める人にこそ、事実としてお月様の光があるのです。

これは、「信心の自覚」を示しておられると思います。一般的に「～だそうだ」ということではなく、まさしく我が身を照らして、我が身を救わんがために、仏心の光ははたらいてくださっておられたのだと感じる心、それが信心の自覚です。

その人のことを、「念仏衆生」というわけです。問題は、その念仏衆生に、自分自身がなっているかどうか。まさしく自分自身が念仏の衆生でなければ、何も始まりませんよということを示しておられるのでしょう。

ここには書かれてはいませんが、おそらくこのお話の時には、蓮如上人は、

十方微塵世界の　念仏の衆生をみそなわし
摂取してすてざれば　阿弥陀となづけたてまつる
（『浄土和讃』聖典四八六頁）

という親鸞聖人の和讃もからめて、お話をされたのではないかと思うわけです。

この「十方微塵」の和讃も、「念仏衆生摂取不捨」の心を詠まれた和讃です。これは、

「阿弥陀経和讃」です。

「十方微塵世界の」とは、数限りもない広大無辺の世界ということです。その数限りもない広大無辺の世界を、ずっと照らして、念仏の衆生をご覧になって、摂め取って捨てないといわれる仏様だからこそ、阿弥陀仏と申し上げるということです。

『観無量寿経』と法然上人の歌と、親鸞聖人の「十方微塵」の和讃と、これは一連の事柄を示しています。阿弥陀仏の本願力のはたらきは、いただいた人において始めて事実になるということです。問題は、あなた自身が念仏の衆生になっていますかということなのです。あなた自身が、正しく念仏申す衆生になりましょうと呼びかけられている。その呼びかけを、私はこのような言葉から感じます。

そういう「光明遍照十方世界」ということについてのご法嘆を、蓮如上人がなさった。その時、

なかなか、ありがたさ、もうすばかりなくそうろう。上様御立ちの御あとにて、北殿様（実如）の仰せに、「夜前の御法嘆、今夜の御法嘆とを、ひきあわせて仰せ候う、ありがたさありがたさ、是非におよばず」と、御掟候いて、御落涙の御こと、かぎりなき御ことにそうろう。

（『蓮如上人御一代記聞書』聖典八五五頁）

と、言葉でいえないほど有難い気持ちになりましたといわれています。「上様」というのは、蓮如上人です。「北殿様」というのが、お子様の実如上人です。有難くて、有難くてとお話になって、涙を流されたということです。

蓮如上人の時代の様子がうかがわれますね。蓮如上人が、お勤めの後にお話をなさいます。それを、お子さんの実如上人も聴聞なさって、真っ直ぐ身に受け止められたのでしょう。有難くて、有難くて落涙なさった。自分自身が真っ直ぐ聞く身になっていないと、こういうことはわかりませんね。真っ直ぐにお聞きになって、そして、有難くて有難くて涙が出る程だといわれるのです。なんと誠実な、篤実な聞法でしょう。ここからは、生きた仏法聴聞の姿が、よくうかがわれるわけです。

ともすれば、何か、教えを聞く集会というのがありましても、自分自身の身にしっかりと引き受けて聞くと、そういうようなことが、現在なかなか困難なことになっているとよくいわれます。私たちは、こういう『蓮如上人御一代記聞書』の、蓮如上人当時の姿を教えられますと、まともに教えに向きあって、教えを聞いて、そして自分自身の魂に深く刻みつけるような聞き方をなさっていたのだなとゆかしく感じます。

これによって、私たちの聴聞は、このようになってますか。教えを聞きながら、冷ややかな批評家の態度になっていませんか。そのように、逆に問われるような気がするわけです。本当に、率直純真な仏法聴聞のご様子をうかがうことができると思います。

五つの不思議ということ

ここに「いつつの不思議」という和讃から「尽十方の無碍光は」という和讃まで、六首をお読みになっての御法嘆が出ているのですが、ここに不思議という言葉が出てくるわけです。そこにある「いつつの不思議」とは、五種不思議ということです。現代でも不思議だなということはよくいわれるのですが、その不思議とはどういうことかを、尋ねてみたいと思います。

いつつの不思議をとくなかに　仏法不思議にしくぞなき
仏法不思議ということは　弥陀の弘誓になづけたり
（『高僧和讃』聖典四九二頁）

これは、親鸞聖人がお詠みになりました和讃です。五つの不思議を説いている中に、仏法不思議に勝る不思議はありませんというのです。仏法不思議ということは、どういうことかというと、弥陀の弘誓に名づけるのです。「弥陀の弘誓」というのは、阿弥陀仏の弘い誓い、つまり弥陀の本願のことです。「仏法不思議ということは、弥陀の弘誓になづけたり」といわれています。

曇鸞大師は『浄土論註』の中で、「五種不可思議」ということを説かれています。親鸞聖人は、それを『教行信証』に引いておられます。

一つには衆生多少不可思議、二つには業力不可思議、三つには龍力不可思議、四つには禅定力不可思議、五つには仏法力不可思議なり。（「真仏土巻」聖典三一五頁）

と。不思議ということはどういうことかというと、それを総じていうと、五種類だといわれているのです。そして、五番目に、「仏法不思議」と出てきます。

曇鸞大師が説かれる、五種の不可思議を、一つ一つ尋ねてみたいと思います。

まず一番目の、「衆生多少不可思議」というのは、衆生の数は変わらないということです。衆生、生きとし生けるもの、命あるものすべての数は変わらない。本当にそうなのでしょうか。どうして、そういうことをいわれるのでしょう。生き物は、殺しても殺しても、死んでも死んでも、どんどんどんどん生まれてくる。たくさんの人が、戦争で死ぬ。あるいは災害で死ぬことがあっても、人間はどんどん、どんどん、どんどん生まれてきます。そういう素朴な発想から、衆生多少不思議ということがいわれるようになったのではないかと思います。

世界の人口は、ずいぶん増えているでしょう。人類は増えましたけれども、数限りない命あるものが、その間にどんどん、どんどん滅びてきました。滅びた種族や、滅びた生き物の種類というのが数多くあります。さらには山を削り川を汚し、生き物はどんどん死んでいきました。人間の数は増えたかもしれませんけれども、生きとし生けるものの総体、命あるもののすべてということでみると、その衆生のあり方や衆生の数は変わりがありません。それを、衆生多少不可思議というのです。

二番目は、「業力不可思議」です。これは、生き物の個性の不思議です。つまり、烏は黒く、鶴は白い。白鳥は白い。黒いと黒鳥になりますね。みんな、生まれながらに色が決まっています。また、昆虫の足は六本で、蜘蛛の足は八本。さらには、馬の子どもは生まれてすぐに歩く。牛もそうですね。イルカの子どもは、海の中で生まれるのに溺れない。こういうことが、業力不思議といわれることです。

もう少しいいますと、蜘蛛の巣は、だいたい決まった形で張られます。蜘蛛の種類にもよるでしょうけれども、蜘蛛の巣は、綺麗に張られます。誰も蜘蛛に教えた人はいません。蜘蛛の学校があって、蜘蛛の先生が子ども達に、「ほら子ども達集まれ、よく聞きなさい。

いいですか蜘蛛の巣はこうやって張るんですよ。皆さんもこれから張らなければいけませんから、ちゃんと憶えておきましょう」と教育している姿を見たことがありません。しかし、蜘蛛はちゃんと巣を張るのです。

また、蟷螂は蟷螂で、子どもをちゃんと生んでいきます。蟷螂の卵は、木にくっついて置いておかれるわけです。到来する冬に、雪が多いか少ないかは、蟷螂の卵の高さでわかるそうです。それも教えた人はいないのです。それぞれの動物、それぞれの種類によって、みな種族の存続を保つのに、まことに見事にできているわけです。そういうような事柄が、業力不思議の例です。生物が個性的に持っている、そういうはたらきのこと、それを業力というわけです。

そして、三番目は「龍力不可思議」です。龍力不可思議の「龍」というのは何かというと、天地の自然現象を司るものです。これは、インド以来の神話です。天地の自然現象というと、暖かくなる寒くなる、雨が降る雪が降る。そういうことから始まって、地震が起こる。そういうようなことまで、自然現象は、人間の作為によって左右することが難しいものです。

現代では、気象予報といいますか、天気の予報の技術が相当に進みましたけれども、百発百中、完全に当たるということはありません。さらに、地震を正確に予知するとか、起こさないようにすることは、現在でもなかなかできません。冬の寒さをもう少し和らげたいと思いましても、それも現在の科学ではできません。そういうことは、人間の能力が及びません。そういうことから、龍力不可思議ということがいわれるのです。

四番目の「禅定力不可思議」とは何でしょうか。これは、精神統一による精神の力の不可思議ということです。これについては、体験された方、体験されてない方がおられるわけです。手品やトリックではなしに、精神統一して、それで水の中に入って何分も潜っているとか。切っても血が出ない気合術とか。そういうようなものも、ないわけではありません。それから、明日のことが全部わかるわけではないにしても、予知夢などもあります。そういうことがあった方もおられると思います。精神のはたらきの不思議ということですね。そういうことも、大昔のインド以来、注意されてきたようです。

今日、科学的にいうと、精神分析の方面において、人間の心の中には、ただ現象世界を見て知るというだけではなくて、未来のこともある程度予知するとか、あるいは過去の記憶、本人でなくて、その民族が持っている記憶を共有しているということがあるともいわれています。もっと掘り下げると、人類全体が共有しているような記憶というのがあるのではないかと、そういうようなこともいわれています。あるいは、火事場の馬鹿力ということもあります。とっさの時には、ふだん思ってもいなかった力が出ることがあります。そのような、人間の心の奥底にある、ふだんは意識されていない心のはたらき。そういうことの不思議というのが、禅定力不可思議ということです。

今日まで宗教というと、この禅定力不可思議を巧に使った宗教が、ずいぶん横行してきたのではないかと思います。占いとか、霊魂とか、鬼とか神とか、そういうもののはたらきを明らかに見る人がいて、障りを断ち切るということをするのが宗教だと思われてきたことがあります。これは、禅定力の不思議が、ある程度あったであろうと思います。しかし、トリックの場合も多いのです。

この禅定力不可思議というのは、まだまだ不可思議ということのレベルでいうと、まだ四番目であって、仏法不思議というものに過ぎるものはないというのです。

五番目に出てくるのが、「仏法力不可思議」です。仏法力の不可思議というのは、仏法のはたらきの不可思議ということです。それで、『教行信証』に『論註』を引いて、

この中に仏土不可思議に二種の力あり。一つには業力、謂わく法蔵菩薩の出世の善根と大願業力の所成なり。二つには正覚の阿弥陀法王の善く住持力をして摂したまうと

ころなり。

（「真仏土巻」聖典三一五～三一六頁）

と、仏法力の不可思議に二種類の力があるといわれています。一つは業力で、法蔵菩薩の出世の善根と大願業力であるといわれます。それから二つには、阿弥陀仏の住持力。こういうように、仏法不思議の中に、また二種のはたらきというのを説かれているのです。

仏法不思議

五つの不思議という中の、仏法不思議ということは、前四つの不思議と比べれば、不思議ということでは比べものにならないものだといわれるのです。衆生多少不思議、業力不思議、龍力不思議、禅定力不思議というような不思議というのは、天地の自然現象とか、生き物の様子とか、そういうのをよくよく見て、ああよくできているな、不思議だなということで、自分自身についての不思議ということではありません。超能力の不思議にしましても、それは自分自身の不思議ということではありません。前四つの不思議というのは、外側のことについての不思議なのです。外側にあって、よくよく見ると、ああ不思議だなというようなものです。それに対して、仏法力不思議というのは、現在自分の身がここにいるということ、そのこと自体の不思議ということではないかと思うわけです。

具体的にいえば、現在ここに集まられた人々を、誰かが選んで集めたとか、誰かが策略をして、今日はこのメンバーでやりましょうと作為して集めたということはないと思います。お隣に座っている人を、必ずその席に座らせようと思って作為した人はいないと思います。やはりこれは、たまたまとしかいえません。この人数と、このメンバーと、この配置は、たまたま起きたことだといわざるをえません。こういうことからしても、思いはからい以外のことで、私たちは、今現にここにいるのです。

またさらにいいますと、自分自身がこの世に誕生したということ自体にしましてもそうです。この家のお父さんとお母さんは優しそうだから、この家に生まれようと思って、選んで生まれるというようなことはありません。気がついてみたら私。そして気がついてみたら父であり、母になっていたというようなことだったと思います。気がついてみたら、この家ということだったと思います。自分がこの世に誕生し、自分自身がこの場に現在いるということ自体、このこと自体の不思議を知らせるというのが、仏法不思議、仏法不可思議ということであろうと思うわけです。

「法に不思議なし」、という言葉もあります。今まで、仏法不思議ということをいっていたのに、どうして今度は法に不思議なしというのか。まったく話が反対ではないかと思われるかもしれませんが、法に不思議なしということは、これはこの我々がふだん不思議だ、不思議だというように考えているような不思議ということではないということです。

法に不思議なしということは、我々がはからって、思いはからって不思議だな、不思議だなというような不思議が、仏法にはないということです。まことの事実、まことの法則、そういうのを示すのが仏法だということです。空を飛ぶことができるとか、できないというようなことを、仏法は決していわないということです。ましてや、私は空を飛ぶことができるなどと、さも不思議そうにいって、そして人を惑わすようなことは仏法にはないのです。そういう意味で、法に不思議なしという言葉もあるわけです。

つまり、現在ここに、私がこのような身としているということ自体、これについて不思議だなというように考えること、そういうように実感すること、そういうことはほとんど希です。私たちは、ただ自分自身の生存、今ここにいることを前提として、当たり前のことにしてしまっていて、わざわざ他のことを立てて不思議だ不思議だといっているわけです。しかし、そういうことが実は大きな間違いであるということです。自分自身を失って、人の上の事ばかり考えている。あるいは外の事柄だけを考えていく。そういうのは、大きな間違いだということを示すのに、法に不思議なしという言葉があるわけです。ですから、法に不思議なしというようないい方は、これはせいぜい四種類の不思議ということになろうと思うわけです。

五種不可思議の中で、もっとも不思議なのが仏法です。その仏法不思議に二種があり、一つには大願業力、二つには住持力と示されているわけです。

一つは、法蔵菩薩の大願業力。これは阿弥陀仏が法蔵菩薩の昔、一切衆生を平等に救おうという願いを起こし、そしてその願いを実現するために永劫の修行をしてくださったという、法蔵菩薩の大願業力というはたらきを親鸞聖人は示しておられます。大願業力は、因の力です。法蔵菩薩の力を指すわけです。

そして二つ目が、住持力です。これは「正覚の阿弥陀法王の善く住持力をして摂したまうところなり」とあります。これは阿弥陀仏の力です。そうすると、原因と結果という点からいうと、果力ということになりましょう。こういうことで何を示しておられるかというと、阿弥陀如来という仏様は光明無量、寿命無量の仏様だといわれますが、光明無量というのは智慧が限りないということであり、寿命無量というのは慈悲極まりなしということです。そのように、智慧と慈悲の極まりのない仏様、覚りのはたらき、果力の方を示しているわけです。

どうしてそのような阿弥陀仏という仏陀に成られたのかというと、その元があるというのが、この因の事柄です。原因の因です。「正信偈」の最初に、「帰命無量寿如来、南無不可思議光」とありますが、そのすぐ後に、

法蔵菩薩因位時　在世自在王仏所

（法蔵菩薩の因位の時、世自在王仏の所にましまして）（聖典二〇四頁）

というように、法蔵菩薩のお話がすぐに始まるのです。あれは、どういうことかというと、阿弥陀如来が光明無量、寿命無量の偉大な徳をお持ちの仏様に成るについてはその元がある。その元は、法蔵菩薩という名前で、法蔵菩薩の時代に願いを発された。その願いが成就して、阿弥陀仏に成られたのである。その阿弥陀仏の元、それをいただくということが、まことの信心であるということを親鸞聖人は示されているのです。

どういうことかといいますと、偉大な仏様の力におすがりして助けられるというのは、ごくごく一般的にいわれる宗教のあり方です。それに対して、浄土真宗の親鸞聖人の教えの個性、特徴はといいますと、阿弥陀様の力におすがりして、それで救われるというだけではないということです。救われた時には、私たち自身も仏様にさせていただけるという

ことが、最も大きな特徴なのです。つまり、救われるということは、必ず仏に成るということなのです。その時の仏というのは、阿弥陀仏より一段下とか、そういう話ではありません。阿弥陀仏のはたらき自体に、私たちも成るのです。そういうことが、成仏ということなのです。

一切の人々が、平等に漏れなく仏になる。そういう教えこそ、まことの仏教でしょう。そのまことの仏教、一切の人々が平等に漏れなく仏になるというのは、それは阿弥陀仏の本当の願いによります。本願の力をいただくことによって、私たちも阿弥陀仏と同等の仏になるのだということです。これこそ、まことの平等の仏教ということであろうかと思うのです。それで、阿弥陀仏というのは、実は、仏教の開祖といわれる仏陀釈尊を、本当の仏陀たらしめた根本のはたらきなのです。そのような、根本のはたらきを、阿弥陀仏、あるいは本願というわけです。お釈迦様が頭がよくて優秀で、体力があったおかげで仏に成られたというのではなくて、そのように仏にさせたはたらきがあって仏になられたのです。ゴータマ・シッダルタという方が、仏陀に成った。その仏陀にさせたはたらきのことを注意して、阿弥陀仏。さらにその大元には本願、阿弥陀仏の本願ということがあるわけです。そして、その本願をいただくことによって、私たちも釈尊と同じように仏様にさせていただけるのです。何故ならば、釈尊と同じく本願をいただくからです。そういうところが、要点になるわけです。

それが、この因力のことです。結果的な智慧と慈悲の力によって救われるというよりも、その智慧と慈悲の出所の本願をいただくことによって、私たちは仏にさせていただける。そういうことを、親鸞聖人が明らかに示してくださった。その元になるのが、曇鸞大師の因力、果力の指摘なのです。

凡夫が仏になる

それでは、そのような仏法不思議ということは、具体的にどのようにしていただくことができるのでしょうか。私たちが救われる、私たちが仏に成るべき身にさせていただける。すなわち現在に正定聚に住するということ自体が、不思議ということです。そのことを『蓮如上人御一代記聞書』の中から、二つの条を取り上げて尋ねてみたいと思います。

一つは、こういう話です。

法敬《ほうきょう》坊、蓮如上人へ申され候う。「あそばされ候う御名号、焼け申し候うが、六体の仏になり申し候う。不思議なる事」と、申され候えば、前々住上人（蓮如）、その時、仰せられ候う。「それは、不思議にてもなきなり。仏の、仏に御なり候うは、不思議にてもなく候う。悪凡夫の、弥陀をたのむ一念にて、仏になるこそ不思議よ」と、仰せられ候うなり。

（聖典八六九〜八七〇頁）

法敬坊という人は、蓮如上人によく親しんで教えを受けたお弟子です。「あそばされ候う御名号」というのは、お書きになった名号ということです。名号とは、名も号も名前のことですが、浄土真宗においては、「南無阿弥陀仏」と書いて掛け軸にして、御本尊として礼拝してきました。これを名号本尊といいます。蓮如上人は、

他流には、「名号よりは絵像、絵像よりは木像」と、云うなり。当流には、「木像よりはえぞう、絵像よりは名号」と、いうなり。

（『蓮如上人御一代記聞書』聖典八六八頁）

といわれるように、名号本尊をすすめられ、南無阿弥陀仏の名号を徹夜同然のような形で繰り返し繰り返し、たくさんお書きになったのです。石山御坊は、名号を書いていただいた蓮如上人に、御門徒達が出したお礼でできたといわれるほどでした。蓮如上人の名号の字は特徴がありまして、現在も全国に多く残っています。

その、蓮如上人にお書きいただいた南無阿弥陀仏の六字の名号が、火事で焼けた時、六

体の仏が出てきました。不思議なことです。そのように法敬が蓮如上人に申し上げたというのです。そうしたら蓮如上人は、いやいやそんなことは何にも不思議じゃないといわれたのです。仏が仏になるということは、当たり前のことだ。それよりも、不思議なのは、「悪凡夫の、弥陀をたのむ一念にて、仏になるこそ不思議よ」といわれたのです。

南無阿弥陀仏の名号というのは、元々生きた仏様なのだ。だから、南無阿弥陀仏が仏様になるというのは、何にも不思議なことではない。ただ不思議なのは、我等悪凡夫が、「弥陀をたのむ一念」、阿弥陀仏を信じるというその一念において仏になる、仏にさせていただけるということこそ不思議だといわれたのです。

無明煩悩われらがみにみちみちて、欲もおおく、いかり、はらだち、そねみ、ねたむこころおおく、ひまなくして臨終の一念にいたるまでとどまらず、きえず、たえずと、

（『一念多念文意』聖典五四五頁）

と、親鸞聖人もいっておられます。そういう凡夫が、帰命の一念で仏に成るということこそ、不思議ではないかということです。

もう一つのお話は、

御普請御造作の時、法敬、申され候う。「なにも不思議に、御誂望も御上手に御座候

知る。凡夫の、仏に成り候うことを、しりたる」と、仰せられ候うと。

（『蓮如上人御一代記聞書』聖典九〇九頁）

というのです。普請というのは、建築です。普く皆さんのお力を請うて、それで建てるので、建築することを普請といったのです。その普請が成った時に、法敬が申し上げました。「なにも不思議に、御兆望も御上手に御座候う」と。いやいや大変に素晴らしい、よく普請ができました。本当に不思議なことですねと法敬が申し上げたら、蓮如上人が、「われは、なお不思議なる事を知る。凡夫の、仏に成り候うことを、しりたる」といわれたのです。私はもっと不思議なことを知っている。それは、凡夫が仏になることを知っているぞといわれたのです。この悪人凡夫が成仏することこそが、本当の不思議なのです。

大悲の誓願

悪人や凡夫というのは、仏に成れないというのが、これが「思議」です。「思議」とは、私たちがふだん持っている思いはからいです。欲も多く、腹立ち、嫉む、妬む、そんな悪い心を持っている奴は、仏には成らない。成れるものかと思うのが、いわゆる常識というものです。

しかし、そうではない。悪人凡夫が仏に成るのだ。阿弥陀仏を信じる、その一念において仏に成る。それこそ仏の悲願の故である。それが、大悲の誓願です。大悲の誓願は、善人や賢い人、立派な人を仏にするというのではない。阿弥陀仏の悲願の相手は、悪人凡夫です。悪人凡夫を仏にするということは、阿弥陀仏と同じようにするということです。そういう願いが、阿弥陀仏の願いである。これこそ不思議だと、蓮如上人はいわれるわけです。

これは元々をいいますと、親鸞聖人の、

善人なおもて往生をとぐ、いわんや悪人をや。（聖典六二七頁）

という『歎異抄』の教えこそが、法の不思議です。我等「悪凡夫の、弥陀をたのむ一念にて、仏になるこそ不思議よ」と、蓮如上人がいわれるわけですが、不思議といえばそれほど不思議なことはない。

では、その不思議というのは何でしょうか。それは、阿弥陀仏の現在の光明無量、寿命無量の力ばかりでなく、その元の法蔵菩薩の昔の本願の力がはたらいているということです。では、法蔵菩薩の本願は、どういう場所で起こされたのでしょうか。本願は、まさしく我々衆生の悩み苦しみの現実の中で起こされたのです。

一切衆生が平等に仏に成らない限り、私は仏に成りませんという仏の本願は、衆生の悩み苦しみのただ中において起こされたのです。阿弥陀仏は、法蔵菩薩の昔、一つ一つ衆生の苦しみ悩みを実験され、そしてただ南無阿弥陀仏と信じるその一念において、衆生を必ず救うという誓いを立てられた。

ですから、悪人凡夫だからこそ救おうという本願なのです。その通りに随うということこそ、悪人凡夫の成仏です。これは本願の道理からいうと必然です。真っ直ぐその通りのことです。しかしながら、人間の思いはからいからすると、まったく不思議なこと、不可思議なこと、常識に反することになるのです。

そうしますと、実は、法を不思議としているのは、人間の思いはからいの方です。人間の思いはからいが、法のありのままの事実をねじ曲げて、不可思議のことを思議してしまって、曲げているのです。親鸞聖人の教えは逆説だらけだという人は、自分の思議から外れた想定外のことを、そのようにいっているだけでしょう。つまり、想定外こそが人生であり世の中であることを知らなさすぎるということです。

親鸞聖人は、

弥陀の本願には老少善悪のひとをえらばれず。ただ信心を要とすとしるべし。そのゆえは、罪悪深重煩悩熾盛の衆生をたすけんがための願にてまします。

（『歎異抄』聖典六二六頁）

といっておられます。その願においてこそ、悪人凡夫が仏に成る。これこそ不思議です。これこそ不思議です。現代の人間の常識からいうと、これこそ不思議です。人があれこれ考えて、不思議、不思議ということよりも、凡夫がただ信心一つによってそのままに仏にさせていただくということこそが不思議なことなのです。

その不思議ということが、大悲への信に凝縮されていくのです。その大悲の具体的なはたらきを示す目印が、まさしく南無阿弥陀仏の名号なのです。

あとがき

このたび、京都の高倉会館日曜講演における講演の記録が、『願心の目覚め』として出版刊行されることとなりました。まことに感謝に堪えません。

「願心」は、親鸞聖人が、行も信も、因も果も、往も還も、「一事として阿弥陀如来の清浄願心の回向成就したもうところにあらざることあることなし」(すべて如来の清浄願心の回向成就である)と言われた願心であり、また「能生清浄願心」(衆生の貪瞋煩悩の中に、よく清浄願心を生ずる)と示された願心であります。その意をうけて、如来の願心に目覚めることと、自己自身の真実の願心に目覚めることの一体性を指して、この本の題名と致しました。

講演の場となった高倉会館は、その名を「貫練堂」といい、真宗大谷派宗門の学場として栄えた高倉学寮の講堂でありました。東本願寺の学寮は、一六六五(寛文五)年東本願寺別邸渉成園に創立された後、一七五五(宝暦五)年、従如上人の時に、高倉通り魚棚に移転開設され、高倉学寮と呼ばれるようになりました。貫練堂は、当時建設された学寮施設の中で、唯一現存する建物であります。明治の中ごろまで、多くの学徒が、この講堂で孜孜として浄土真宗の学びに勤めてこられたのであります。その精神は、講堂の正面に掲げられた額の「貫練堂」という雄渾な筆致に示されています。『曾我量深説教集』第一〇巻（法藏館発行）には、「高倉学寮を創設された従如上人のこと」という小見出しの部分があり、学寮の願いに対する曾我量深先生の尊敬の念をうかがうことができます。

その貫練堂すなわち高倉会館に、初めてお参りしたのは、一九七七（昭和五二）年六月一九日のことでした。前日の六月一八日には、大谷大学本館講堂で曾我量深先生七回忌法要が行われ、一九日に、高倉会館でも講演会があり、夕刻には感話会が行われました。その一部始終は、『仰せをこうむりて』（文栄堂）に記録されています。

それ以来、高倉会館で数々のお育てをいただいて参りました。私自身、初めて高倉会館に出講させていただいたのは、蓮如上人の五〇〇回御遠忌のお待ち受け態勢に入った一九九五年一一月五日、「まことの信心の再興」の時でした。それ以来、二〇一〇年一二月まで、七回の出講の機会をいただいております。今回、その中から、五回分の講演録を冊子化させていただくこととなったのです。古いものは今さらという感もありましたが、かたじけなく、法藏館のお勧めをこうむり、これを縁として、大方の読者の皆様に読みやすいように整理編集を致しました。

五つの講演の年月日と要点を、この本の目次順に挙げますと左記の通りです。

「一子地への目覚め」(二〇〇六年八月六日)は、一切衆生を我が一人子《ひとりご》と思う菩薩の願心への覚醒について述べました。

「得生者の情としての願生」(二〇一〇年二月一七日)は、親鸞聖人が「願生というは得生の者《ひと》の情《こころ》ならくのみ」と『浄土論註』の文を訓読されたお心を尋ねました。

「報恩」(二〇〇二年一一月一〇日)は、現生に獲る信心の利益である現生十種の益の第九に、親鸞聖人が、知恩報徳の益を挙げられたお心を尋ねたものです。

「まことの信心の再興」(一九九五年一一月五日)は、蓮如上人の真宗再興の内面的意義を尋ねました。

「法の不思議」(一九九七年二月二日)は、「凡夫が仏になることこそが不思議である」(『蓮如上人御一代記聞書』取意)というお言葉に触れて、仏法不思議の道理を尋ねたものです。

二〇一一年三月一一日午後二時四六分に発生した大地震による大津波が東日本の太平洋岸を襲い、多くの人命が失われました。さらに、福島県の原子力発電所が爆発し、放射能漏れの被害が深刻化しています。これについて「想定外」という言葉が何度も語られました。それは、不可思議の事実に対する思いあがりにほかならないのではないでしょうか。

我われは今、被災者支援に尽くすとともに、傲慢なる人知の闇に無自覚に過ぎて「生死無常のことわり」を傾聴することを忘れていたことを猛省すべきであります。

本書が成るについて、日曜講演の機会を与えていただき、また出版を御了承くださった高倉会館・真宗教学研究所に御礼を申し上げます。「報恩」のテープ起こしをしてくださったのは、足立千恵氏です。他の四編のテープ起こしは、齊藤研氏の御尽力によります。原稿整理と校正は、齊藤研氏と三明万美氏にお世話になりました。心より感謝致します。また、拙著『歎異抄講義』上・下に続き、今回も、法藏館社長西村明高氏、同社編集部の和田真雄氏、満田みすず氏には、原稿編集から刊行まで、全般にわたってお世話になりました。ここに記して厚く御礼申し上げます。

終わりに、故郷弘前にあって今年満九十歳を迎えて健在に、つねに私を念じてくださる母の御撫育の御恩に、感謝の意を添えさせていただきます。

二〇一一年八月八日

宗祖親鸞聖人七五〇回御遠忌の年「信に死し願に生きよ」を念じつつ

久留米市　量深学場にて　三　明　智　彰

三明　智彰（みはる　としあき）

1954年弘前市に生まれる。早稲田大学教育学部国語国文科卒、東京大谷専修学院卒。大谷大学大学院文学研究科真宗学専攻博士後期課程単位取得満期退学。大谷大学助教授、愛知新城大谷大学教授・社会福祉学部長を経て、現在九州大谷短期大学教授・副学長。明教寺住職。私塾量深学場主宰。

著書・論文

『歎異抄講義』上下（法藏館）、『蓮如上人―親鸞聖人の教えに生きた人―』（共著・東本願寺）、『浄土三部経講座』１〜12（廣徳寺）、「親鸞の仏道体系―如来の誓願と行信―」（日本仏教学会編『仏道の体系』、平楽寺書店）、「阿闍世」（『大谷大学研究年報』44）、「曽我量深における法蔵菩薩論の形成過程とその原理」（『大谷大学真宗総合研究所研究紀要』12）、「親鸞における見仏性の意義」（『真宗研究』31）、「親鸞の仏性論」（『真宗教学研究』10）等。

願心の目覚め

二〇一一年一〇月一三日　初版第一刷発行

著　者　三明智彰

発行者　西村明高

発行所　株式会社　法藏館

京都市下京区正面通烏丸東入

郵便番号　六〇〇－八一五三

電話　〇七五－三四三－〇〇三〇（編集）

〇七五－三四三－五六五六（営業）

装幀者　谷中雄二

印刷・製本　亜細亜印刷株式会社

ISBN 978-4-8318-8707-8 C0015